Reclam Literaturunterricht

Sachanalysen. Stundenverläufe. Arbeitsblätter

Jenny Erpenbeck
Heimsuchung

Von Ingo Kammerer

Reclam

Abkürzungen und Symbole

EA Einzelarbeit
PA Partnerarbeit
GA Gruppenarbeit
UG Unterrichtsgespräch
LV Lehrervortrag
SV Schülervortrag

* Kennzeichnung eines zusätzlichen Arbeitsauftrags bzw. Unterrichtsschritts auf erhöhtem Niveau (für Binnendifferenzierung)

HA Hausaufgabe

Verweis auf die zugrundeliegenden textidentischen Ausgaben von Reclam (Sigle: **R**) und Penguin Verlag (Sigle: **P**):

- Jenny Erpenbeck: Heimsuchung. Roman. Nachw. von Friedhelm Marx. Ditzingen: Reclam, 2024.
- Jenny Erpenbeck: Heimsuchung. Roman. München: Penguin Verlag, 2018.

Stellenangaben mit jeweiliger Sigle und Seitenzahl beziehen sich auf diese Ausgaben.

Code für editierbare Arbeitsblätter und Vorlagen

Alle für den Unterricht benötigten *Arbeitsblätter* und *Vorlagen* (Bilder und Texte) sind digital auf der Webseite **www.reclam.de/lehrer_heimsuchung** zum Download verfügbar. Bitte geben Sie folgenden Code ein:

XuEPvAvU

Reihenkonzept: Max Kämper

Reclam Literaturunterricht | Nr. 15829
2024 Philipp Reclam jun. Verlag GmbH,
Siemensstraße 32, 71254 Ditzingen
info@reclam.de
Druck und Bindung: Elanders Waiblingen GmbH,
Anton-Schmidt-Straße 15, 71332 Waiblingen
Printed in Germany 2025
RECLAM ist eine eingetragene Marke
der Philipp Reclam jun. GmbH & Co. KG, Stuttgart
ISBN 978-3-15-015829-6
reclam.de

Inhalt

Vorbemerkung

Jenny Erpenbecks erster Roman *Heimsuchung* (2007) wird allgemein als ihr Durchbruch bezeichnet und machte die Autorin zu einer auch international wahrgenommenen Stimme der deutschen Literatur. Die seit 1999 publizierende Schriftstellerin gestaltet hier am Beispiel der Chronik eines Hauses die deutsche Geschichte des 20. Jahrhunderts, indem sie am Beispiel von verschiedenen Hauptfiguren und einem geheimnisvollen Gärtner historische Übergänge am Ufer des Brandenburgischen Scharmützelsees verortet.

Die episodenhafte Struktur des Romans, geforderte Verknüpfungsleistungen während der Lektüre, bestimmte verstörende Inhalte des Plots und die insgesamt voraussetzungsreiche, aktive Rezeption fordernde Textgestaltung platzieren eine Behandlung des Romans klar in der gymnasialen Oberstufe. Gerade Erpenbecks stilistisches Vorgehen einer in mancher Hinsicht offenen Fragmentverdichtung setzt auf vernetzungskompetente und -interessierte Leserinnen und Leser, weshalb Ausbau und Förderung solcher Kompetenzen Schwerpunkte der folgenden Unterrichtsvorschläge sind.

Insofern steht in den Unterrichtsstunden eine gegenstandsorientierte Texterschließung im Vordergrund. Erpenbecks Mischung aus *facts and fiction*, ihre dramaturgischen und stilistischen Entscheidungen, narrative Wirkungskombinationen, multiperspektivisch dargebotene Erinnerungsräume und jene über die Figurengestaltung verhandelten Heimatkonzepte gilt es didaktisch zu erarbeiten. Gerahmt wird dieses literarische Verstehen durch subjektbezogene Aushandlungen des Erfahrenen sowie individuelle, kreative Schülerreaktionen darauf.

Benutzungshinweise

Der Band enthält neun aufeinander aufbauende Unterrichtsstunden und zwei Klausuraufgaben mit Lösungsvorschlag.

Jeder Entwurf einer Unterrichtsstunde besteht aus zwei Teilen:
- **Sachanalyse** mit einem praxisorientierten, auf den Unterrichtsverlauf bezogenen Interpretationsangebot
- **Unterrichtsverlauf** mit (a) kurzem Überblick über Thema und Ziel, (b) den Unterrichtsschritten in tabellarischer Übersicht und (c) ausführlichen Erläuterungen zu den einzelnen Unterrichtsschritten

Jede Unterrichtsstunde bietet alle für den Unterricht benötigten Materialien:
- kopierfähige **Arbeitsblätter** (ggf. mit Lösungshinweisen im Anhang)
- **Vorlagen** (Bilder oder Texte)
- **Tafelbilder** (Vorschläge für die mediale Präsentation)

Die Unterrichtsstunden enthalten an allen geeigneten Stellen Hinweise für
- einen möglichen **verkürzten Verlauf** (als **fakultativ** gekennzeichnete Unterrichtsschritte)
- eine mögliche **Binnendifferenzierung** (die entsprechenden Arbeitsaufträge auf erhöhtem Niveau sind mit einem Asterisk * gekennzeichnet)

Textgrundlage sind die textidentischen Ausgaben:

Jenny Erpenbeck: Heimsuchung. Roman. Nachw. von Friedhelm Marx. Ditzingen: Reclam, 2024.
[Seitenangaben mit der Sigle: **R.**]

Oder:

Jenny Erpenbeck: Heimsuchung. Roman. München: Penguin Verlag, 2018.
[Seitenangaben mit der Sigle: **P.**]

Hinweis: Die Reihe *Reclam Literaturunterricht* achtet auf gendergerechte Sprache. Aus Gründen der Lesbarkeit wird in seltenen Fällen davon abgewichen, immer sind aber alle Geschlechter gemeint.

1 *Übergang und Verwandlung –* Jenny Erpenbeck: ein Porträt der Autorin erarbeiten

Sachanalyse

»Das wurde auch Zeit«, schreibt Beatrix Langner ein wenig forsch in ihrer Rezension zu *Heimsuchung* (2007), doch nun habe Jenny Erpenbeck endlich »nach drei beachtlichen Talentproben [...] ein thematisches Schwergewicht geschultert.«[1] Es wird Großes von der 1967 in Ost-Berlin geborenen Schriftstellerin erwartet, und das heißt nach Erzählungen und Theaterstücken auch ein Versuch in der Königsklasse, dem Roman. Dieser Versuch gelingt und wird mit den folgenden Romanen bestätigt, so dass Jenny Erpenbeck inzwischen als eine der »außergewöhnlichsten literarischen Stimmen hierzulande«[2] gehandelt wird, die »zu den wichtigsten Autorinnen der deutschsprachigen Gegenwartsliteratur«[3] zu zählen sei, schreibe doch »[n]iemand [...] so präzise und leise und gewaltig wie sie.«[4]

Dabei war zunächst eine Schriftstellerzukunft für Erpenbeck keineswegs so sicher, wie man in Anbetracht ihrer familiären Umgebung annehmen könnte.[5] Folgt man nämlich der Autorin in ihrer Selbstanalyse, so ist ihre Berufung zur Schriftstellerin einem Wendepunkt der Zeitgeschichte geschuldet, ohne den sie »wahrscheinlich nie [zu schreiben] begonnen [hätte]«.[6] Gemeint ist die Wiedervereinigung der beiden deutschen Staaten zwischen 1989 und 1990 und der ›Ausverkauf‹ der DDR in den Folgejahren. Hier findet sie ihr Thema, beginne ihr »Schreiben mit dem Nachdenken über Grenzen, und mit dem Nachdenken darüber, wie man sich im Laufe seines Lebens, freiwillig oder unfreiwillig, verwandelt, mit dem Nachdenken darüber, was Identität ist und der Frage, wieviel man verliert, ohne sich selbst zu verlieren.«[7] Jahre später präzisiert sie ihr poetisches Anliegen: »Es gibt nichts Interessanteres als die Frage, wie ein Übergang, eine Verwandlung stattfindet, warum und unter welchen Umständen. Eigentlich ist das die Frage nach dem Leben selbst.«[8]

Auf dem Weg zur Schriftstellerin und während einiger »Winkelzüge, um meinem Schicksal Paroli zu bieten«,[9] erinnert sich Erpenbeck schließlich an eine Begebenheit, die ihre Großmutter ihr erzählt hatte,[10] beginnt eine eigentümliche autobiografische Recherchearbeit[11] an einer Schule,[12] schreibt daraufhin den Text, der, Jahre später als *Geschichte vom alten Kind* veröffentlicht, zu einer kleinen literarischen Sensation wird. Neben Kafka'scher Kraft[13] erkennt ein Rezensent

1 Beatrix Langner, »Heimstatt mit Gebrauchsspuren«, in: *Literaturen* 3 (2008) S. 67.

2 »Requiem auf eine Amour fou. Exklusiv-Interview mit Jenny Erpenbeck«, in: *bücherMenschen, Das Hugendubel Magazin*, 9. 9. 2021, https://buechermenschen. de/interview/exklusiv-interview-mit-jenny-erpenbeck (Stand: 29. 11. 2023).

3 Carola Hähnel-Mesnard, *Zeiterfahrung und gesellschaftlicher Umbruch in Fiktionen der Post-DDR-Literatur*. Göttingen 2022, S. 187.

4 Jan Brandt, »In der Verjüngungsmaschine«, in: *Frankfurter Allgemeine Sonntagszeitung*, 6. 3. 2005, S. 27.

5 Erpenbecks Familienumfeld zählte zur privilegierten Intelligenzija der DDR: Hedda Zinner, ihre Großmutter, war eine einflussreiche und vielfach ausgezeichnete Schriftstellerin; deren Mann, Fritz Erpenbeck, war Chefdramaturg der Berliner Volksbühne, Autor und Mitglied des Ministerrats der DDR; Erpenbecks Mutter, Doris Kilias, war Übersetzerin aus dem Arabischen und habilitierte Literaturwissenschaftlerin am Institut für Arabistik in Berlin; ihr Vater, John Erpenbeck, war literarisch tätig und ist habilitierter Biophysiker und Philosoph.

6 Jenny Erpenbeck, »Im toten Winkel (2018). Keynote anlässlich der Puterbaugh Fellowship der Universität Oklahoma«, in: J. E., *Kein Roman. Texte und Reden 1992–2018*, München 2018, S. 411. Erpenbecks Werk wird auch gerne mit der Bezeichnung »Post-DDR-Literatur« (z. B. Hähnel-Mesnard, s. Anm. 3) versehen, was in ihrem Fall jenseits der Herkunft (und dem Initialmoment für ihr Schreiben) wenig verdeutlicht und auch nicht in Bezug auf die Vorgängerbegriffe, »Wende-« oder »Nachwendeliteratur«, eine glückliche Wahl darstellt.

7 Ebd.

8 Erpenbeck in »Requiem« (s. Anm. 2). Friedhelm Marx und Julia Schöll fokussieren nach einer Äußerung Erpenbecks als thematische Schwerpunkte: Wahrheit und Täuschung (vgl. *Wahrheit und Täuschung. Beiträge zum Werk Jenny Erpenbecks*, hrsg. von F. M. und J. Sch., Göttingen 2014).

9 Erpenbeck in: »Verjüngungsmaschine« (s. Anm. 4): Sie beendet noch in der DDR eine Ausbildung zur Buchbinderin, arbeitet als Requisiteurin in Frankfurt a. d. O. sowie Berlin und studiert zwischen 1988 und 1990 Theaterwissenschaften in Berlin. Dann wechselt sie die Fachrichtung, schreibt sich zum Studium der Musiktheater-Regie an der Berliner Hochschule für Musik Hanns Eisler ein, wo sie 1994 ihr Opernregisseur-Diplom erhält.

10 Vgl. Jenny Erpenbeck, »Wie ich schreibe«, in: J. E. (s. Anm. 6), S. 119.

11 »Man muss, glaube ich, versuchen, die Dinge so gut zu kennen, als ob sie Teil der eigenen Biographie wären. Und genauso, wie man sich beim Schreiben von der eigenen Autobiographie [...] wieder löst, weil der Kern der Geschichte [...] woanders liegt [...], genauso löst man sich auch von dem Material, das man durch Recherche zusammengetragen hat«, Jenny Erpenbeck, »Man kann sich sein Verhältnis zur Vergangenheit nicht aussuchen«, in: *Planet Interview*, 1. 11. 2008, www.planet-interview.de/interviews/jenny-erpenbeck/34662 (Stand: 29. 11. 2023).

12 Die 27-jährige Erpenbeck wird noch einmal ›eingeschult‹ und recherchiert für drei Wochen in einer elften Klasse eines Gymnasiums unter falschem Namen, Geburtsdatum und falscher Adresse quasi direkt vor Ort. Eine namenlose Rektorin habe sie bei dieser Materialsammlungsaktion unterstützt (vgl. J. E., s. Anm. 10, S. 120), die einerseits natürlich deutlich Grenzen überschreitet, andererseits aber Erpenbeck bei ihrer autobiografischen Grenzsuche sicherlich wesentliche Hilfe leisten konnte.

13 Verena Auffermann, »Tod des Kollektivleibs«, in: *Süddeutsche Zeitung*, 13. 10. 1999), Beilage, S. V 2/5.

in der retardierten Hauptfigur Bezüge zu Melvilles *Bartleby*[14] und wird die »schmale, in einem betont lakonischen Tonfall gehaltene [...] Erzählung« zum Interessantesten erklärt, »was es derzeit an junger deutscher Literatur zu lesen gibt.«[15] Schon bei diesem Debüttext werden verschiedene Themen und Aspekte eines literarischen Stils festgestellt, die auch folgende Werke Erpenbecks kennzeichnen:[16] Das »Thema der Kindheit«, der »Begriff der Heimat«, der Einzelne gegenüber einer Gesellschaft »mit totalitären Zügen«, die »lakonische Erzählweise«, die »Balance [...] zwischen [...] sezierender Distanz und einfühlender Nähe«, der Übergang von »leisen Stimmungen« hin zu »zynischem Spott«, im Ganzen »eine ungewöhnliche Mischung aus Zartheit und Brutalität«, deren zu erahnende Abgründigkeit »schaudern machen kann«.[17]

Dabei verweigert Erpenbeck dem Rezipienten eine schnelle und eindeutige Aufnahme des Gelesenen, verzögert Aufdeckungen, verengt Inhalte und verschweigt manches – führe doch »das Verschwiegene seine verschwiegene Existenz im Stillen weiter.«[18] Zur erzählten Hälfte einer Geschichte komme, so Erpenbeck, eben immer eine unerzählte, die der Leser zu imaginieren habe und doch weiterhin als unerzählt, nicht aussprechbar erinnern sollte.[19] Dies aber eingedenk der Tatsache, dass »[d]as, was nicht erzählt wird, [...] wenn man die Geschichte von der richtigen Seite [!] her anschaut, große Kraft [entfaltet], größere Kraft oft sogar als das, was gezeigt wird.«[20] Der Leser wird somit in Erpenbecks Plot dazu aufgefordert, sich aus den verstreuten Spuren und Sprachlosigkeiten (eigene) Erkenntnisfrüchte zu erarbeiten. Solches kann schon auch mal anstrengend sein und gefällt nicht jedem. Aber wer will schon allen gefallen?

Als Erpenbeck nach weiteren »Talentproben« (Beatrix Langner) und in der Folge von *Heimsuchung* Literaturpreise erhält und auch ihre Lesegemeinde kontinuierlich und weltweit zu wachsen beginnt, lässt sie die seit 1995 ausgeübte Opernregietätigkeit ruhen und konzentriert sich vollständig auf ihr Schreiben. Neben Theaterstücken und einem Opernlibretto sind es vor allem drei Romane, die ihren Erfolg bei Kritik und Publikum bestätigen. Mit dem Roman *Aller Tage Abend* (2012) komponiert Erpenbeck an der in *Heimsuchung* begonnenen Geschichte des 20. Jahrhunderts weiter und fokussiert am Beispiel einer mehrfach sterbenden und doch weiterlebenden Frau zumindest in Teilen das Leben ihrer Großmutter Hedda Zinner, an deren Beispiel auch das Scheitern des Kommunismus diskutiert wird. Darauf gelingt ihr mit *Gehen, ging, gegangen* (2015) so etwas wie das gesellschaftspolitisch relevante Buch der Stunde, indem sie am Beispiel einer afrikanischen Flüchtlingsgruppe in Berlin das Nichtgelingen einer menschlichen Asylpolitik verdeutlicht. In *Kairos* (2021) schließlich schildert Erpenbeck anhand einer generationenübergreifenden Liebesbeziehung in der späten DDR den Verlust der Utopien und springt dabei literarisch über jene Wiedervereinigungsgrenze, die sie ursprünglich traumatisiert und de facto zum Schreiben gebracht hatte: »Ich brauchte 30 Jahre, um über die DDR schreiben zu können und in die dunklen Ecken zu schauen.«[21]

14 Hubert Spiegel, »Bartlebys Schwester«, in *Frankfurter Allgemeine Zeitung*, 2.11.1999, S. L 3.
15 Hajo Steinert, »Der Knochensack«, in: *Die Zeit*, 14.10.1999, Literaturbeilage.
16 Vgl. Björn Vedder / Karin Dautel, »Jenny Erpenbeck«, in: Carola Hilmes (Hrsg.), *Schriftstellerinnen III*, München 2020, S. 111.
17 Ebd., S. 113.
18 Jenny Erpenbeck, »Zur ›Geschichte vom alten Kind‹ (2013). Bamberger Vorlesung I«, in: J. E., s. Anm. 6, S. 148.
19 Vgl. ebd., S. 149.
20 Ebd., S. 148 f.
21 Jenny Erpenbeck, zit. nach: Karim Saab: »›Am Marx-Engels-Platz, ich find' es nicht.‹ Jenny Erpenbeck stellt in der Stadt- und Landesbibliothek ihren Roman ›Kairos‹ vor, der eine reale Liebesbeziehung zwischen 1986 und 1992 literarisiert«, in: *Märkische Allgemeine Zeitung*, 10.11.2021, S. 16.

Unterrichtsverlauf

Überblick. Die Schülerinnen und Schüler lernen die Schriftstellerin Jenny Erpenbeck anhand von Lebensstationen und thematischen Werkbezügen kennen. Eine besondere Berücksichtigung gilt dabei der politischen Weichenstellung durch die Wiedervereinigung, die sie nach eigener Aussage erst zur Literatin machte. Über Informationen der Autorin selbst werden themenspezifische Schwerpunkte ihres Werks gebündelt und abschließend am Beispiel einer kurzen Erzählung Erpenbecks zu konkretisieren versucht. Ein Seitenblick der Unterrichtseinheit gilt neben dem Kennenlernen der Autorin auch der Frage, wie und warum man zum Schreiben kommt. ! Verkürzter Verlauf: 1.1 – 1.3 – 1.4 – 1.5 – 1.6

Phase	Thema	Sozialform	Kompetenzen/Lernziele	Materialien
Voraussetzungen: keine				
1.1	Einstieg 1: Mauerfall und Wiedervereinigung	UG	• Die Autorin in ihrem historischen Schlüsselmoment kennenlernen • Motive und Metaphern der Wendebeschreibung entschlüsseln	VORLAGE 1a ➤ S. 8 VORLAGE 1b ➤ S. 9
1.2 fakultativ	Einstieg 2: Jenny Erpenbeck im MDR Kultur-Fragebogen	UG	• Die Autorin über einen aktuellen Fragebogen kennenlernen • Erkenntnisse zur Person und ihren Motivationen sammeln	VORLAGE 1c ➤ S. 11 VORLAGE 1d ➤ S. 12
1.3	Erarbeitung: Jenny Erpenbeck, Übergang und Wandlung	GA / UG	• Zeitlich-politische Bedingungen, biografische Aspekte, thematische Werkinteressen und Inhalte einiger Werke der Autorin Jenny Erpenbeck kennenlernen	VORLAGE 1d ➤ S. 12 ARBEITSBLATT 1a ➤ S. 14 f. ARBEITSBLATT 1b ➤ S. 16 f. ARBEITSBLATT 1c ➤ S. 18 f.
1.4	Sicherung: Sammlung, Aufzeigen der Zusammenhänge	SV / UG	• Bedingungen / Zusammenhänge rund um die Literatur Erpenbecks skizzieren	VORLAGE 1d ➤ S. 12
1.5	Vertiefung: Erste Begegnung mit Erpenbecks Epik und der Begriff der »Heimsuchung«	UG / EA	• Erworbene Erkenntnisse an einer Kürzestgeschichte Erpenbecks anwenden • Motive und sprachliche Besonderheiten analysieren • Über den ambivalenten, titelgebenden Begriff der Heimsuchung diskutieren	ARBEITSBLATT 1d ➤ S. 20
1.6	Lektüreerwartungen	UG	• Lektüreerwartungen formulieren • Die Grundstruktur des Romans anhand der Kapitelzählung wahrnehmen	
HA	Lektüre des Romans			*Heimsuchung*, VORLAGE 1e ➤ S. 13

Hinweis. Die Stunde ist bei historischem Vertiefungsinteresse leicht zu einer Doppelstunde auszuweiten. Informationen zur DDR und über den Weg hin zur Wiedervereinigung, den in der BRD aufrechterhaltenen, in der DDR jedoch ab den 1970ern aufgegebenen Einheitswunsch wären dann zu integrieren. Ebenso könnten die Schwierigkeiten der ersten Jahre im wiedervereinigten Deutschland betrachtet und mit Blick auf die gegenwärtigen Spannungen diskutiert werden. Auch der kleine Hinweis auf Erpenbecks »autobiografische« Arbeitsweise bezüglich Sammlung und Verinnerlichung des Stoffes, der in einer späteren Unterrichtsstunde aufgegriffen wird, kann ausgebaut und eventuell auf die formulierte Künstlerfreiheit von Thomas Mann (z. B. in *Bilse und ich*, 1906) zurückgeführt und diskutiert werden. Grundsätzlich ist die Intention des Vorgehens, den Schülerinnen und Schülern eine Schriftstellerin in ihrer biografischen Bedingtheit (was Antrieb, Interessen, Themen und inhaltliche Schwerpunkte anbelangt) bzw. empfundenen Schreibnotwendigkeit vorzustellen und dabei eine Verbindung von Leben und Werk zu offerieren, die auch für den Roman *Heimsuchung* von Bedeutung ist.

Da zwischen dieser und den folgenden Unterrichtsstunden die Romanlektüre stattfinden soll, bietet es sich an, einen etwas längeren Zeitraum zwischen den Stunden vorzusehen.

1.1 Einstieg 1: Mauerfall und Wiedervereinigung

UG

VORLAGE 1a ➤ S. 8

VORLAGE 1b ➤ S. 9

Internetzugang

Unterrichtsschritt. Erpenbecks Schlüsselerlebnis auf dem Weg zur Schriftstellerin soll zunächst im Mittelpunkt stehen. Hierzu werden nach ersten Assoziationen zu den Begriffen »Mauerfall« und »Wiedervereinigung« Recherchen der Schüler per Internet durchgeführt, um Bildmotive oder kleine Videos zum Ereignis zu sichten und zu besprechen (alternativ: VORLAGE 1a ***Mauerfall 1989***). Die voraussichtlich positiven Clips, Bilder und Aussagen (»Wahnsinn!«) werden dann mit dem Foto von Erpenbeck auf den Mauerresten konterkariert, worauf es zur Lektüre ihrer Überlegungen zum »Mauerfall« und den folgenden Ereignissen kommt (VORLAGE 1a ***Jenny Erpenbeck 1990***). Eine erste spontane Einschätzung der Schülerinnen und Schüler bezüglich der skeptischen Einstellung Erpenbecks wird in der Folge durch Fragen zum Text enggeführt, wobei ihren Urteilen auch widersprochen werden kann:

- Was meint Jenny Erpenbeck, wenn sie davon spricht, dass man keine Töpfe mehr braucht?
- Warum sitzen die Hoffenden »plötzlich in einem leeren Theater«?
- Wie sieht Erpenbeck den Begriff der »Freiheit«?
- Inwiefern ist Erpenbecks Kindheit zum Museumsstück geworden?

Erläuterungen. Erpenbecks negative Assoziationen beziehen sich auf das Ruckartige, nicht Absehbare der anstehenden Veränderung. Der ›Sieg‹ des BRD-Kapitalismus über den DDR-Sozialismus macht für die ›Verlierer‹ eine völlig konträr gestaltete Lebenswelt und Zukunft wahrscheinlich: zu fremden Bedingungen. Wenn also alle in den Westen rennen, wird nicht mehr am hoffnungsfrohen Sozialismus (»Hoffen« auf gerechte Zukunft) gearbei-

VORLAGE 1a

Mauerfall 1989

Fall der Berliner Mauer 1989 (Silvester 1989). – Foto: picture-alliance / dpa | Wolfgang Kumm

VORLAGE 1b

Jenny Erpenbeck 1990

Jenny Erpenbeck 1990. – Foto: Katharina Behling, Berlin

Was habe ich denn gemacht in der Nacht, als die Mauer fiel?

Ich habe den Abend mit Freundinnen verbracht, nur ein paar Straßenecken vom Weltgeschehen entfernt, und dann: habe ich geschlafen. Ich habe das Weltgeschehen tatsächlich verschlafen, und während ich schlief, war der Topf nicht umgerührt worden, sondern umgestoßen und in Scherben gegangen. Am Morgen erfuhr ich: Man braucht nun gar keine Töpfe mehr.

In der Gesellschaft, in die ich hineingeboren worden war, hatten die gründlichsten Kritiker der Regierung diese Regierung nur überholt im Hoffen. Das Hoffen hatte ich also gelernt, und die Vorläufigkeit und das Besserwissen und das Warten. Und nun aber? Nun wurden die, die es falsch gewusst hatten, nicht ersetzt, sondern ganz und gar abgeschafft. Und die, die es besser gewusst hätten, saßen plötzlich in einem leeren Theater. Von *Freiheit* war plötzlich viel die Rede, aber mit diesem Begriff *Freiheit*, frei schwebend in allen möglichen Sätzen, konnte ich wenig anfangen. Reise*freiheit*? (Aber wird man das Reisen denn auch bezahlen können?) Oder Meinungs*freiheit*? (Und wenn meine Meinung dann niemanden mehr interessiert?) Einkaufs*freiheit*? (Und was kommt nach dem Einkauf?) Die *Freiheit* war ja nicht geschenkt, sie hatte einen Preis, und der Preis war mein gesamtes bisheriges Leben. Der Preis war, dass, was sich eben noch Gegenwart genannt hatte, nun Vergangenheit hieß. Unser Alltag war kein Alltag mehr, sondern ein überstandenes Abenteuer, unsere Sitten plötzlich eine Attraktion. Das Selbstverständliche hörte innerhalb weniger Wochen auf, das Selbstverständliche zu sein. Eine Tür, die sich nur alle hundert Jahre auftut, hatte sich aufgetan, aber nun waren auch die hundert Jahre für immer um. Meine Kindheit gehörte von nun an ins Museum.

Jenny Erpenbeck: Heimweh nach dem Traurigsein (2013). In: J. E.: Kein Roman. Texte und Reden 1992–2018. München: Penguin Verlag, 2018. S. 42.

tet und so das solidarische Miteinander infolge der Warengeilheit (»Und was kommt nach dem Einkauf?«) leichtfertig aufs Spiel gesetzt (»Topf [wird] nicht umgerührt«, »Scherben«) bzw. als zukünftige Aufgabe verweigert (»in einem leeren Theater«). Fatalerweise gräbt sich die DDR auch noch ihr eigenes Grab, da die Menschen den nur kurzzeitig befriedigenden Freiheitsvorstellungen nachlaufen (Reise, Meinung, Einkauf), um dann festzustellen, dass ihr bisher gelebtes Leben nicht mehr anschlussfähig ist und keine Bedeutung mehr hat (»Museum«, »hundert Jahre für immer um«, »Vergangenheit«). Das bislang Erlebte und Erreichte nurmehr als Ergebnis eines verunglückten Versuchs (»überstandenes Abenteuer«) betrachten zu sollen oder zu müssen, da man ›verloren‹ hat und nun ohne Kenntnis des neuen Systems von der Solidarität des ehemaligen Klassenfeinds abhängig ist, scheint nicht gerecht und fällt Jenny Erpenbeck schwer.

Erpenbecks keineswegs unscharfe Analyse – wenn auch die ein wenig idealistische und sentimentale Betrachtung ihrer DDR, die eine besondere war, nicht übersehen werden darf – ist ein stimmiger Kontrast zu den in der Regel fröhlichen Bildern der ersten BRD-DDR-Wiederbegegnungstage. Der selbstverschuldete Identitätsverlust der DDR-Bürger über Nacht macht aus dem, was eben noch faktisches Leben gewesen ist, eine Erinnerungskultur. So werden Übergang und Verwandlung – Erpenbecks Schreibmotive – hier durchaus direkt greifbar, was im Gespräch bereits angedeutet werden kann.

1.2 Einstieg 2: Jenny Erpenbeck im MDR-Kultur-Fragebogen (fakultativ)

UG

VORLAGE 1c ➤ S. 11
VORLAGE 1d ➤ S. 12
Internetzugang

Unterrichtsschritt. Um die Schriftstellerin jenseits der historischen ›Berufung‹ auch gegenwärtig kennenzulernen, kann der MDR-Kultur-Fragebogen vom 24.3.2023 (VORLAGE 1c ***MDR Kultur-Fragebogen, 24. März 2023***) gelesen und gehört werden (www.mdr.de/kultur/podcast/fragen/literatur-jenny-erpenbeck100.html, Stand: 5.12.2023). Bereits angeklungene Ansätze und Überzeugungen der Schriftstellerin werden hier wiederholt, bekannte Begriffe (Käuflichkeit, Verwandlung, Hoffnung, Fall/Scherben) um anderes erweitert (Kriege, Flucht, schwieriger Anfang). Im Übergang zu Unterrichtsschritt 1.3 wird die Orientierungsskizze (VORLAGE 1d *Jenny Erpenbeck*) präsentiert.

Es besteht die Möglichkeit, die Schülerinnen und Schüler selbst diesen Fragebogen ausfüllen zu lassen oder auch die Textsorte in Bezug auf das so gelieferte Persönlichkeitsbild kritisch zu hinterfragen.

Erläuterungen. Jenny Erpenbeck wird in den Einstiegen lediglich angedeutet, indem die Schüler einige (möglicherweise irritierende) Informationen erhalten, die Fragen provozieren und weitere eigenverantwortliche Recherchen nach sich ziehen können. Erste Überlegungen fließen schon in die Präsentation der Orientierungsskizze (VORLAGE 1d) ein und werden in der abschließenden Besprechung auf die in Unterrichtsschritt 1.3 folgende Informationsgewinnung gelenkt.

1.3 Erarbeitung: Jenny Erpenbeck, Übergang und Wandlung

GA / UG

VORLAGE 1d ➤ S. 12
ARBEITSBLATT 1a ➤ S. 14 f.
ARBEITSBLATT 1b ➤ S. 16 f.
ARBEITSBLATT 1c ➤ S. 18 f.
Internetzugang

Unterrichtsschritt. Die Schülerinnen und Schüler werden in Arbeitsgruppen aufgeteilt und bearbeiten ARBEITSBLATT 1a *Jenny Erpenbeck – Übergang und Wandlung*«, ARBEITSBLATT 1b *Übergang: Wiedervereinigung oder das Ende der DDR*, ARBEITSBLATT 1c *Verwandlung: Lebensthemen – Werkmotive*. Die Orientierungsskizze (VORLAGE 1d) ordnet die Schwerpunkte der Betrachtung und unterstützt die folgenden Ergebnispräsentationen.

Erläuterungen. Vorab kann das im Einstieg Erfahrene versuchsweise zugeordnet und diskutiert werden. Auch können im Internet zusätzliche Rechercheaufträge zur Zeit der Wiedervereinigung durchgeführt werden (Stichworte: Sozialistische Nation, Einheit von Wirtschafts- und Sozialpolitik, Kapitalismus, Klassenfeind, Glasnost/Perestroika, Montagsdemonstrationen, 9. November 1989, Wirtschafts- und Währungsunion, 3. Oktober 1990, Treuhandanstalt, Arbeitslosigkeit in den neuen Bundesländern).

1.4 Sicherung: Sammlung, Aufzeigen der Zusammenhänge

SV / UG

VORLAGE 1d ➤ S. 12

Unterrichtsschritt. Die jeweiligen Gruppen stellen korrespondierend mit der Orientierungsskizze (VORLAGE 1d) ihre Ergebnisse vor. Nachfragen werden beantwortet, Bemerkungen zugelassen.

VORLAGE 1c

MDR Kultur-Fragebogen, 24. März 2023

Sprüche und Widersprüche

1. Haben Sie ein Vorbild oder eine Lebensmaxime?
Gründlich nachdenken und sich nicht kaufen lassen.

2. Welches Bildungserlebnis ist Ihnen in Erinnerung geblieben?
Die Zeit, als meine Großmutter, Hedda Zinner, verstanden hat, dass sie mit ihrem Lebenswerk gescheitert ist und in den Zustand kam, den andere vielleicht als Verrücktheit bezeichnen würden und ich aber eher als Verarbeitung dieses Scheiterns verstanden habe. Diese Erfahrung, dass jemand, der Ruhm und Ehren hatte, anerkannt war, ein Publikum hatte, so tief fallen kann.

3. Worüber können Sie nicht lachen?
Über die Tode, die in den letzten Jahren, fast muss man sagen: Jahrzehnten im Mittelmeer gestorben wurden. Über die Toten an den Grenzen Europas. Und überhaupt über die Menschen, die sterben, weil Nationalismus leider immer noch mit Waffen ausgefochten wird.

Sein und Haben

4. Was haben Sie sich zuletzt Schönes gekauft?
Den Pullover, den ich anhabe.

5. Welches Buch würden Sie niemals weggeben?
Ovid: Metamorphosen! Ich glaube, das ist das beste Buch über Verwandlungen, die teils aus dem Guten kommen, aus Liebe, aus Sehnsucht nach Vereinigung mit jemandem, mit dem man sich sonst nicht vereinigen könnte. Aber auch aus Gewalt. Also Verwandlung in jeglicher Form.

6. Wann fühlen Sie sich am lebendigsten?
Wenn ich im Wald bin.

Gott und die Welt

7. Woran glauben Sie?
Ich glaube daran, dass immer wieder Menschen nachwachsen, die Hoffnung haben.

8. Gibt es für Sie einen Ort des Friedens?
Ja, ein Ort des Friedens, das ist natürlich immer die Frage, ob es ein richtiges Leben im Falschen gibt. Natürlich gibt es Orte des Friedens für mich: im Privaten. Wenn ich im Garten bin oder irgendwo. Aber natürlich heißt das nicht, dass die Seele im Frieden ist, wenn man an die Konflikte denkt, die es anderswo gibt.

9. Was meinen Sie, war Ihre letzte gute Tat?
Als ich beim Spazierengehen nicht auf die Ameise getreten bin.

Freud und Leid

10. Wovon haben Sie zuletzt geträumt?
Also meine Träume sind nicht immer schön und ich habe auch keine Ahnung, wie die in meinen Kopf kommen. Also ich erinnere mich an einen Traum, den ich vielleicht vor zwei Wochen geträumt habe: Da habe ich mit einer Frau geredet, die aber nur aus einem Kopf bestand. Und ich war in der Kneipe und der Kopf war auf dem Tisch vor mir und hat mit mir gesprochen. Und ich habe mich die ganze Zeit gefragt, wie die überhaupt existieren kann, wenn sie gar keinen Körper mehr hat.

11. Welche Musik berührt Sie am tiefsten?
Ich glaube das sechste Madrigalbuch von Gesualdo.

12. Was finden Sie schwerer: anfangen oder aufhören?
Anfangen. Bei jedem Anfang ist ja die Frage, wie fängt man an? Also wenn ich zum Beispiel an meine Bücher denke, dann habe ich bei jedem Buch ungefähr zwölf Anfangsentwürfe, die alle etwas für sich haben, vollkommen unterschiedlich sind. Die Frage ist immer, welches ist die richtige Tür, durch die man in die Geschichte, die man erzählen will, reinkommt. Ja, und auch in anderer Hinsicht sind Anfänge, glaube ich, sehr, sehr schwer, weil man »aus dem Nichts, was machen muss«, wie Brecht gesagt hat.

www.mdr.de/kultur/podcast/fragen/literatur-jenny-erpenbeck100.html.

VORLAGE 1d

Jenny Erpenbeck
Übergänge und Verwandlungen

Bio-grafisches

Themen und Inhalte

Schreiben

Foto: Jenny Erpenbeck. – Mit Genehmigung von Katharina Behling, Berlin

1.5 Vertiefung: Erste Begegnung mit Erpenbecks Epik und der Begriff der »Heimsuchung«

UG / EA

ARBEITSBLATT 1d
➤ S. 20

Unterrichtsschritt. Die Schülerinnen und Schüler lesen die Kürzestgeschichte ARBEITSBLATT 1d ***Freies Geleit*** aus Erpenbecks Geschichtensammlung *Dinge, die verschwinden* (2009) unter besonderer Berücksichtigung des im Vorfeld Erfahrenen. Ausgehend von der vorherigen Sammlung werden Korrespondenzen benannt, (auto-)biografische und thematische Bezüge verdeutlicht sowie über das Schreiben als poetische Realitätsanalyse reflektiert. Mit einem ersten Nachdenken über den Begriff »Heimsuchung« – i. S. v. Suche einer Heimat, Schicksalsschlag oder Strafe, überraschender Besuch, Hausfriedensbruch –, auch im Sinne der Erpenbeck'schen Biografie, ihrer Themen und Motive, wird die Stunde abgeschlossen.

Erläuterungen. *Freies Geleit* handelt von der Veränderung eines Ortes im Zuge der Wiedervereinigung. In vier Schritten wird eine zunächst offene, gemeinschaftlich genutzte Wohnsiedlung zu einer verschlossenen, den Besitz nicht teilen wollenden Eigentumseinrichtung. Die Veränderungen der neuen Zeit spiegeln sich in den freien Wegen (verschlossene Türen, Wegerecht, stachelige Sträucher), der multikulturellen Siedlungsvielfalt (fremdländische Kinder, Bleiberecht), den sozialen Kontakten (Grillfeste, ›Würsterecht‹) und in der Aufwertung der Wohnanlage (›gute Gegend‹, goldene Knöpfe). Leitmotivisch fällt die Mauer zweimal, um dann auf ein ironisches ›Gottlob‹ reduziert zu werden. Die »gute Gegend« der Eigentümer, des egoistischen Kapitals, verunmöglicht die Freiheit der Wege und das soziale Miteinander der Mietparteien (der einst vielfältig genutzte Hof bietet nur noch den Mülltonnen Platz); die Gegend wird zur ›seelenlosen‹ Immobilie ohne Belästigungsgefahr, hinter deren Mülltonnen, gut versteckt, die Obdachlosen schlafen. Ein liberaler, offener Lebensort wurde heimgesucht: Schrittweise verwandeln Übergänge die Lebenssituation und gesuchte Heimat des Einzelnen.

1.6 Lektüreerwartungen

UG

Unterrichtsschritt. Die Lehrkraft diskutiert mit den Schülerinnen und Schülern Handlungserwartungen und Gratifikationshoffnungen der anstehenden Beschäftigung mit dem Roman *Heimsuchung*.

Hausaufgabe

VORLAGE 1e
➤ S. 13

Zur leichteren Orientierung sollen zunächst in der Textausgabe die Figurenkapitel (also alle Kapitel außer Prolog und Epilog sowie die »Gärtner«-Zwischenkapitel), beginnend mit »Der Großbauer und seine vier Töchter« (R 12 | P 14), von 1 bis 11 durchgezählt werden. Zusätzlich oder alternativ kann die VORLAGE 1e ***Inhaltsverzeichnis*** zur Verfügung gestellt werden. So verschafft sich die Lerngruppe einen ersten Überblick über die Grundstruktur des Romans. Die Zählung der Kapitel erleichtert die Orientierung im Text und wird auch hier im Folgenden verwendet.

Als Hausaufgabe wird die Lektüre des Romans *Heimsuchung* aufgegeben.

VORLAGE 1e

Inhaltsverzeichnis
Jenny Erpenbeck: *Heimsuchung*

(Nr.)	*Kapitel*	*Seiten (Reclam)*	*Seiten (Penguin)*
	Prolog	9–10	9–11
	Der Gärtner	11	13
1	**Der Großbauer und seine vier Töchter**	**12–24**	**14–26**
	Der Gärtner	25–30	27–33
2	**Der Architekt**	**31–42**	**34–45**
	Der Gärtner	43–44	46–47
3	**Der Tuchfabrikant**	**45–58**	**48–61**
	Der Gärtner	59	62–63
4	**Die Frau des Architekten**	**60–72**	**64–76**
	Der Gärtner	73	77–78
5	**Das Mädchen**	**74–87**	**79–92**
	Der Gärtner	88	93
6	**Der Rotarmist**	**89–101**	**94–106**
	Der Gärtner	102–106	107–111
7	**Die Schriftstellerin**	**107–118**	**112–123**
	Der Gärtner	119–121	124–126
8	**Die Besucherin**	**122–133**	**127–138**
	Der Gärtner	134–136	139–141
9	**Die Unterpächter**	**137–149**	**142–154**
	Der Gärtner	150	155–156
10	**Der Kinderfreund**	**151–163**	**157–169**
	Der Gärtner	164–165	170–171
11	**Die unberechtigte Eigenbesitzerin**	**166–180**	**172–185**
	Epilog	181–183	186–188

Jenny Erpenbeck – Übergang und Wandlung

Jenny Erpenbeck. – Foto: Katharina Behling, Berlin

Es gibt nichts Interessanteres als die Frage, wie ein Übergang, eine Verwandlung stattfindet, warum und unter welchen Umständen. Eigentlich ist das die Frage nach dem Leben selbst.

Jenny Erpenbeck. In: Requiem auf eine Amour fou. Exklusiv-Interview mit J. E. https://buechermenschen.de/interview/exklusiv-interview-mit-jenny-erpenbeck (Stand: 23.11.2023).

Ohne die Erfahrung der Wiedervereinigung wäre sie wohl nie Schriftstellerin geworden, sagt Jenny Erpenbeck. Der existenzielle Bruch durch die 1990 vollzogene Staatstilgung der DDR, das Verschwinden bzw. die oktroyierte Umstülpung eines gelebten Lebens, die damit verbundene Aufteilung in Sieger und Verlierer, manche westliche Arroganz und östliche Ohnmacht sind Wendeerlebnisse der Fremdheit, die die Ostberlinerin nie wirklich im vereinigten Deutschland ankommen ließen: »Es fällt mir immer noch schwer, zu sagen: Das ist mein Land.« (2015) Fürs Schreiben aber sei die Erfahrung verschiedener Kulturen und Gesellschaftssysteme immer ein Geschenk. »Auch oder gerade, wenn es eine schmerzhafte oder schwierige Erfahrung ist.« (2015) Denn, so Erpenbeck, »[d]as literarische Schreiben ist eben immer auch ein Vorgang des Übersetzens von allem, was man weiß und erfahren hat, in ein paar Worte – und welche Worte jemand, der eine Geschichte schreibt, wählt, hat immer damit zu tun, […] welche Welt sie hervorgebracht hat.« (2013)

Jenny Erpenbecks (geboren 12. März 1967) Prägungswelt war der real existierende Sozialismus der DDR und, geht man etwas näher heran, eine familiär bedingte intellektuelle Umgebung der Bildung und schönen Künste. Aufgewachsen unter Autoren – ihre Großmutter, Hedda Zinner, war eine berühmte und vielfach gepriesene Schriftstellerin der DDR, ihr Großvater, Fritz Erpenbeck, Schriftsteller und Chefdramaturg der Berliner Volksbühne, ihr Vater John und ihre Mutter Doris sind bzw. waren Akademiker und ebenfalls literarisch tätig –, schien ein Schriftstellerdasein der literarisch umhegten Enkelin und Tochter naheliegend, vielleicht sogar zwingend. Erpenbeck absolvierte aber, »um mich jenseits meiner Familie zu definieren«, zunächst eine Lehre als Buchbinderin, studierte Theaterwissenschaften und erwarb schließlich ein Diplom für Musiktheater-Regie an der Hochschule für Musik Hanns Eisler in Berlin. Während der folgenden anstellungslosen Zeit begann sie zu schreiben, vollendete ihre erste Erzählung, die sie aber noch einige Jahre zurückhielt.

1999, 10 Jahre nach dem Mauerfall, ging sie dann doch mit diesem Erstling, *Geschichte vom alten Kind*, an die Öffentlichkeit und wurde ohne Einschränkung begrüßt und ausgiebig gelobt. Da sei niemand, der so präzise und leise und gewaltig schreibe wie sie, ist zu lesen (Jan Brandt, *Frankfurter Allgemeine Zeitung*, 2005), und anderswo, dass sie vielleicht eine Kreuzung des minimalistischen Robert Walser und des experimentierfreudigen Alfred Döblin sei (Meike Fessmann, *Literaturen*, 2002). Erpenbeck gelangte jedenfalls hurtig auf den Titel des Magazins *Spiegel* (41/1999), wurde dort als einer der Günter-Grass-Erben ausgerufen und fotografisch mit Blechtrommel-Requisit bundesrepublikanisch geadelt, so dass man wohl von einem der schnellsten literarischen Zieleinläufe des letzten Jahrhunderts sprechen kann. Das habe ihr sehr geholfen, meint Erpenbeck noch Jahre später. Auf dem *Spiegel*-Titel zu erscheinen heiße eben kanonisch zu werden oder: »Aha, die darf gelobt werden!« (2011) Freilich kann solch frühes Lob auch gefährlich sein. Aber die folgenden Texte Erpenbecks ließen an Zuspruch der Kritik und, wenn nicht wichtiger, des Publikums nicht nach, so dass die vielfach gepriesene, übersetzte, auch hör- und sichtbare Autorin heute zu denjenigen Literaten zu zählen ist, auf deren neuestes Werk mit Spannung gewartet wird. Selbst der frühe Grass-Bezug scheint nicht mehr allzu luftig, da die Berlinerin inzwischen schon mal als Nobelpreis-Kandidatin gehandelt wird (Loren Oyler, *The New Yorker*, 2021).

Anmerkungen: 36f. **Günter-Grass-Erben:** Günter Grass (1927–2015), Schriftsteller, erhielt 1999 den Nobelpreis für Literatur. | 37 **Blechtrommel:** *Die Blechtrommel* (1959) ist Grass' erster Roman, mit dem ihm der Durchbruch als Schriftsteller gelang.

Arbeitsauftrag:

Fassen Sie, ausgehend von den Aspekten der Skizze (VORLAGE 1d), die wichtigsten Inhalte zusammen und stellen Sie diese anschließend Ihren Mitschülern vor.

Übergang: Wiedervereinigung oder das Ende der DDR

Jenny Erpenbeck hielt im Februar 2018 die Hauptrede auf dem Puterbaugh Festival of World-Literature & Culture an der Universität Oklahoma (USA).

Die Rede mit dem Titel »Im toten Winkel« (»Blind Spots«) wird hier in einigen Auszügen wiedergegeben.

Anfang zwanzig war ich, als die Berliner Mauer fiel, und das Land, in dem ich aufgewachsen war, innerhalb weniger Wochen verschwand. Jeder Ostler durfte sich im Westen das sogenannte ›Begrüßungsgeld‹ abholen, ein halbes Jahr später gab es die Währungsunion und damit die offizielle ›Wiedervereinigung‹, d.h., die DDR hörte auf und die Bundesrepublik wurde größer. Jeder durfte nun laut sagen, was er über den ehemaligen Staatschef Honecker oder den Stasichef Mielke – oder auch über den bundesdeutschen Kanzler Helmut Kohl! – dachte, jeder durfte jetzt nach Paris, Venedig oder New York reisen. Während die Menschen sich über die neue ›software‹, wie man es heute nennen könnte, noch freuten, wurden an der ›hardware‹ schon gravierende Änderungen vorgenommen, wurden etliche ostdeutsche Fabriken für 1 D-Mark von der Treuhandgesellschaft an Westunternehmen verkauft und kurz darauf geschlossen, viele Arbeiter verloren ihre Arbeit, aber auch Uni-Professoren, Hochschullehrer und Wissenschaftler wurden entlassen und durch Uni-Professoren, Hochschullehrer und Wissenschaftler aus dem Westen ersetzt. Mieten kosteten nach der Währungsunion von einem Tag auf den anderen das Zehnfache. Immobilien wurden von Geschäftsleuten aus dem Westen aufgekauft, öffentliche Betriebe privatisiert. Die sogenannten ›neuen Bundesländer‹ verwandelten sich in einen riesigen Markt, auf dem, das wissen wir, nicht nur Bananen hervorragend abgesetzt werden konnten. Plötzlich wurde sehr viel über Geld geredet. Geld konnte ein Gesprächsthema sein? Erstaunlich.

Zwischen der ersten Hälfte meines Lebens, die durch den Fall der Mauer und den Zusammenbruch der DDR museumsreif wurde, und der zweiten, die damals begann, ist seither eine Grenze aus Zeit. Ohne die Erfahrung dieses Übergangs von einer Welt zu einer ganz anderen, so sehe ich das heute, hätte ich wahrscheinlich nie begonnen zu schreiben. Mein Schreiben begann mit dem Nachdenken über Grenzen, und mit dem Nachdenken darüber, wie man sich im Laufe seines Lebens, freiwillig und unfreiwillig, verwandelt, mit dem Nachdenken darüber, was Identität ist und der Frage, wieviel man verlieren kann, ohne sich selbst zu verlieren. […]

Ich erinnere mich an eine Szene kurz nach dem Mauerfall, wenige Wochen vor dem Weihnachtsfest. Im Adventsdunkel stand da auf einer matschigen Wiese nahe einem Grenzübergang ein Lkw, von dessen Ladeklappe herab ein Westberliner Papierwarenhändler Weihnachtspapier an uns Ostler verschenkte. Damit wir, die Bedürftigen, die selber nicht in der Lage waren, so herrlich glänzendes Einwickelpapier herzustellen, auch einmal etwas Schönes haben sollten. […]

In der Geste, wie er die Papierrollen von der Ladeklappe herunterreichte, steckte für mich die ganze Misere eines Ungleichgewichts, einer quasi objektiven Arroganz.

An erster Stelle: Ich bin oben und ihr seid unten. Aber auch: Ich komme aus einer anderen Welt und bleibe nur kurz. […] Meine Gegenwart ist schön und glänzend […], die Gegenwart der Bedürftigen, die nach dem wundersamen Weihnachtspapier greifen, [verwandelt] sich gerade in eine ›ehemalige Gegenwart‹ […], in Vergangenheit also […].

[…] [S]päter wurde die Westmark eingeführt, und wir begannen, die glänzenden Einwickelpapiere zu kaufen. Unsere Häuser bekamen einen neuen, zeitgemäßen Anstrich, die Models des Ostens ließen sich ihre hier und da noch ein wenig schiefen Zähne, die bis dahin keinen Anstoß erregt hatten, geraderichten und im Rundfunk fand man jetzt meine Stimme beim Einlesen der Buchkritiken, die ich geschrieben hatte, zu hoch, und engagierte einen Sprecher. Fassadensanierung war das, was wichtig wurde. Es war ein komplexer Übergang zu dem, was schön und heil aussah, sich gut und heil anhörte, ein Übergang zur Welt der Wohlgerüche und dessen, was glatt war und gut in der Hand lag: also all dessen, was sich gut verkaufen ließ und auch gern gekauft wurde. Im toten Winkel, im Schatten blieb das Kaputte, das Mangelhafte zurück.

Jenny Erpenbeck: Im toten Winkel. Keynote anlässlich der Puterbaugh Fellowship der Universität Oklahoma. In: J. E.: Kein Roman. Texte und Reden 1992 bis 2018. München: Penguin Verlag, 2018. S. 410–424.

Arbeitsauftrag:

Fassen Sie, ausgehend von den Aspekten der Skizze (VORLAGE 1d), die wichtigsten Inhalte zusammen und stellen Sie diese anschließend Ihren Mitschülern vor.

Verwandlung: Lebensthemen – Werkmotive

Das sogenannte »Begrüßungsgeld« der BRD für DDR-Bürger gab es eigentlich schon seit 1970 und war als Erleichterung für die kleine Gruppe der reiseberechtigten DDR-Bürger gedacht. Die durften laut DDR-Regelung nur 70 Ost-Mark in den Westen ausführen, weshalb man von Seiten der BRD zunächst 30, später 100 DM dazulegte. Als dann am 9. November 1989 die Mauer überraschend fiel und die im Jahr 1970 nicht vorgesehenen Massen an DDR-Bürgern nach Westdeutschland drängten, kam es freilich zu mancher Kuriosität. Riesige Menschenschlangen warteten vor Banken auf ihren Begrüßungsschein, DDR-Familien winkten lachend mit 100-DM-Banknoten, ganze Regale mit West-Waren wurden leergekauft, ein Run auf Südfrüchte fand statt (und führte zum Bananenwitz ausgehungerter »Zonis« in einigen Westmedien); auch kam es wohl in der unübersichtlichen Situation zu diebischen ›Vielbegrüßungen‹, da im Endeffekt 300 Millionen DM Begrüßungsgeld zu viel ausgezahlt wurden. (Vgl. www.mdr.de/geschichte/ddr/deutsche-einheit/mauerfall/westgeld-begruessungsgeld-100.html, Stand: 5. 12. 2023.)

DDR-Familie nach der Währungsunion 1990. – Foto: picture-alliance / ZB | Ulrich Hässler

Jenny Erpenbeck 1990. – Foto: Katharina Behling, Berlin

Jenny Erpenbeck holte ihr Begrüßungsgeld nicht ab. Sie nahm den Übergang der Wiedervereinigung als »feindliche Übernahme in kultureller Hinsicht« (2009) wahr, wundert sich noch Jahre später darüber, dass »Geld ein Gesprächsthema sein konnte« (2018), sah erstaunt, wie »ein System, das für die Ewigkeit eingerichtet zu sein schien, […] binnen weniger Wochen weggewischt« (2018) und in der Nachverhandlung auf die undifferenzierte Vokabel des »Unrechtsstaats« reduziert wurde. Es sei nun aber nicht so, meint Erpenbeck, dass sie die DDR vermisse, sondern vielmehr ihr Leben darin, die Erinnerungen, ihre Erfahrungen, die infolge des siegreichen Westens, seiner Kultur und Maximen, nichts mehr bedeuten würden: »[I]ch glaube, dass in dem Moment, da alles auf einmal im Umbruch ist und alles, was man gelernt hat, zu nichts mehr führt, weil es nicht mehr anwendbar ist, ein Vermissen eintritt.« (2009)

Dieses Trauma Erpenbecks hält bis heute an. Jener Bruch, »an dem man an die Zeit nicht mehr anknüpfen kann« (2009), und durch den ein erneutes Heimisch-Werden in der Gegenwart doch mindestens von Skepsis begleitet ist, kann aber auch ein Thema sein und sich in Kunst verwandeln. Eine Kunst rund um Übergänge und Ortssuchen. Eine Kunst der fragilen Verortung des Menschen und der leicht zu störenden Hoffnung auf einen ewigen Raum, den man Heimat nennt.

In ihrem Erstling, der Erzählung *Geschichte vom alten Kind* (1999), täuscht ein schweigsames Mädchen, das eigentlich bereits eine Frau ist, ihre Umgebung über ihre Identität und widersetzt sich dem Leistungsgedanken der Gesellschaft mit irritierendem Genuss. In der Erzählung *Wörterbuch* (2004) wird während einer Militärdiktatur (wohl in Argentinien zwischen 1976–1983) ein Mädchen vom Mörder ihrer Eltern großgezogen. Sie entdeckt langsam ihre Lebenslüge, die auch eine sprachliche ist, und bleibt doch mit ihrem Ziehvater emotional verbunden. In der autobiografischen Geschichtensammlung *Dinge, die verschwinden* (2009) schildert Erpenbeck den Verlust von Gegenständen, Verhaltensformen und Orten. Im Roman *Aller Tage Abend* (2012) stirbt eine Frau viermal in unterschiedlichen Epochen des 20. Jahrhunderts und lebt dann, nachdem spekuliert wurde, wie ihr Leben hätte weitergehen können, doch verwandelt weiter. Der Flüchtlingsroman *Gehen, ging, gegangen* (2015) schildert die Situation einer afrikanischen Flüchtlingsgruppe in Berlin, deren Leben nach dem Verlust der Heimat durch verschiedene Rechtsbestimmungen von einem dauerhaften Übergang ohne Ankommen bestimmt ist. Erpenbecks Roman *Kairos* (2021) geht wieder in die DDR zurück und diskutiert am Beispiel einer Liebesgeschichte zwischen zwei Generationen das Scheitern von Utopien am Trennpunkt der Wiedervereinigung.

Offenkundig ist die Darstellung von Verwandlung und Übergang der Kern der Erpenbeck'schen Prosa. Wenn die Wahrnehmung von Zeit sich urplötzlich ändert, eine nicht störungsfreie Erinnerung eintritt, ganz verschiedene Wahrheiten miteinander in Konkurrenz treten und dabei Grenzen sowohl gesetzt wie auch übertreten werden, weiß Erpenbeck: »Das ist etwas, worüber ich schreiben muss.« (2008) Ihr ›autobiografischer Ansatz‹ ist dabei, selbst bei Themen, die sie nicht aus eigener Erfahrung kennt, der erste Recherchezugang: »Man muss, glaube ich, versuchen, die Dinge so gut zu kennen, als ob sie Teil der eigenen Autobiografie wären.« (2008) Dann aber lässt man los, löst sich von Ich und Material und treibt den Kern der Geschichte voran.

Arbeitsauftrag:

Fassen Sie, ausgehend von den Aspekten der Skizze (VORLAGE 1d), die wichtigsten Inhalte zusammen und stellen Sie diese anschließend Ihren Mitschülern vor.

Freies Geleit

Als ich einzog, konnte man den parkähnlichen Innenhof meines Hauses auf verschlungenen Wegen durch Gebüsch, zwischen Bäumen und Blumen nach drei Himmelsrichtungen hin verlassen oder betreten. Kinder spielten in diesem Hof, den ganzen Nachmittag jagten sie sich, kreischten, riefen und sprangen, fremdländische Kinder, die im Winter noch mit Kniestrümpfen umherliefen, und von denen eins das andere auf dem Arm trug. Sommers feierten Großfamilien Grillfeste in diesem Hof, bis spät in die Nacht. Mein Fahrrad schob ich zu ebener Erde aus dem Anbau hinaus und verließ durch eine der drei Durchfahrten den Hof, in welche Himmelsrichtung auch immer. Die Mauer war ja gottlob gefallen.

Kurz nach meinem Einzug wurden die aus dem Anbau in den Hof führenden Türen auf immer verschlossen, die Eigentümerin des Nachbarhauses verweigere uns das Wegerecht, hieß es, tatsächlich legte sie rings um unseren Fahrradraum Beete an und pflanzte stachlige Sträucher. (Wegerecht?) Treppauf, treppab trug ich mein Fahrrad nun durch den Hausflur nach draußen. Immer noch konnte ich dann den Hof durchqueren, je nachdem, ob ich es eilig hatte und in welche Himmelsrichtung ich unterwegs war. Die Mauer war ja gottlob gefallen.

Inzwischen ist das Haus, in dem die fremdländischen Kinder wohnten, saniert. Die Gegend heißt jetzt eine ›gute Gegend‹. Die Kinder sind fort. (Bleiberecht?) Der Durchgang zum Hof wurde verschlossen, draußen ein Klingelschild angebracht mit goldenen Knöpfen. Aber immer noch ließ sich zumindest der Weg zur Bernauer Straße, wo früher einmal die Mauer stand, quer über den Hof abkürzen. Gottlob.

Wenig später ist dieser zweite Durchgang gleichfalls verschlossen. Zweimal klettere ich über den Zaun, dann gebe ich auf. Der dritte und letzte Eingang zum Hof, gleich neben meinem Haus, lässt sich nicht verschließen, aber das ist auch gar nicht mehr nötig. Durch dieses Tor betritt man den Hof, wirft seinen Müll in die Tonne und geht wieder hinaus. Grillfeste gibt es nicht mehr. (Würsterecht?) Neulich habe ich hinter den Mülltonnen, unweit des Pfades, der jetzt langsam zuwächst, weil er nirgendwohin mehr führt, eine hölzerne Palette im Gebüsch liegen sehen, die für jemanden, der sich in den Städten auskennt, eindeutig so aussah wie die Schlafstatt eines Menschen.

Jenny Erpenbeck: Dinge, die verschwinden. München: btb Verlag, ^{3}2011. S. 28–30. [Zuerst und leicht verändert in: Frankfurter Allgemeine Zeitung. 9.6.2007. S. Z 4.]

2 *So viel Ach und Weh –* Die Vorgeschichte des Hauses kennenlernen (Kapitel 1)

Sachanalyse

Im Kapitel 1 wird die Vorgeschichte des Hausbaus rund um den Großbauern Wurrach und seine vier Töchter erzählt. Die anstehende Besiedlung des Seegrundstücks ist die Folge des Niedergangs einer jahrhundertealten Bauerndynastie im Brandenburgischen.

Die nur vage angegebene Zeitsphäre[1] umfasst eine noch feudale, vormoderne Gesellschaftsstruktur, in der die Großbauernfamilie Wurrach seit vielen Generationen die politische und ökonomische Macht in Personalunion ausübt. Resolut, mit Peitsche und Axt Recht sprechend, herrscht Wurrach gemäß seiner vor Generationen vom preußischen König verliehenen Position und macht dabei auch vor den eigenen Töchtern nicht Halt. Seine Erbsicherung verfängt aber nicht, weil ein Stammhalter fehlt und die verbleibenden vier Töchter keinen adäquaten Bräutigam finden.

Klara, der jüngsten Wurrach-Tochter, erscheint nun auf ihrem Erbgrundstück (»Klaras Wald«) ein »Fischer«, »dessen Haare so naß sind, daß das Wasser auf seine Schultern tropft und ihm die Arme herabrinnt« (R 18 | P 20), der ihr »seinen Kopf in den Schoß« legt, worauf sie »mit ihrem Rock seinen nassen Schopf« trockenreibt (R 19 | P 21). In der Folge benimmt sich Klara auffällig, wird mehr und mehr psychotisch und schließlich nach Jahren von ihrem Vater entmündigt. Wurrach beschließt darauf ihren Erbteil (und ›Treffpunkt mit dem Fischer‹) zu verkaufen. Am Tag darauf wird Klara ertrunken im See gefunden.

In mancher Genreliteratur wäre Klaras Schicksal die böse Ursünde für eine folgende Handlung hin zur Katastrophe. Doch darum geht es Erpenbeck nicht wirklich. Sie verdeutlicht vielmehr den Paradigmenwechsel von der archaischen in die moderne Welt, von der über Generationen betriebenen Erbbewahrung und -vergrößerung hin zur Landveräußerung, den Übergang von der wirtschaftlichen (»Holzung«, R 23| P 24) zur freizeitlichen Landnutzung (Sommerhaus), schließlich vielleicht auch den Wandel von der patriarchal ausgeübten Reglementierung der Frau hin zu (ein bisschen mehr) weiblicher Mitbestimmung (die Vertragsunterschrift leistet immerhin die »junge Verlobte«, R 23 | P 25).[2]

Das Leben von Klara und ihren Schwestern ist von Ritualen und Lehrsätzen eingezäunt und auf das Heiraten ausgerichtet. Solchermaßen von Aberglauben und Vermeidungsgelübden umgeben, zugleich vom strengen Vater dominiert, ist ein Ausbrechen aus dieser permanenten Hochzeitsvorbereitung nur dann möglich, wenn man für den Vater von Nutzen ist. Klara ist dies spätestens nach ihrem merkwürdigen Benehmen nicht mehr.

Dabei kann man Klaras Vision einer mystischen Zweisamkeit durchaus als Folge der Triebunterdrückung durch den gesellschaftlichen Regelkanon und den gestrengen Vater betrachten. Solcher Triebstau bescherte schon ihrer Schwester ein nicht standesgemäßes Kind und großes Leid; Klaras ›Lösung‹ ist folglich eine andere: eine des verwirrten Geistes oder der fantasievollen Wunschvorstellung.

Erpenbeck lässt hier manches offen.[3] Sie drängt die chronologische Haupthandlung zwar novellistisch zügig um eine zentrale Wendung voran, verschleiert aber zunächst, welche Seinsebene jeweils betrachtet wird, wenn sie die Vision Klaras im selben faktisch-kühlen Ton des Erzählerberichts wie alles andere wiedergibt. Dann aber folgt mehr und mehr erlebte Rede und man kann schon auch vermuten, dass dieser »unbekannte Fischer« eher einem Wassergeist als einem Zunftkollegen gleicht. Auch die urplötzlich anwesende und sich verstreuende stille Gesellschaft im Umfeld des merkwürdigen Paars legt eine traumartige Erfahrungsebene nahe. Eine wirkliche Begegnung und väterliche Ablehnung der Vereinigung hingegen, wie

1 Gretes Verlobter trifft nach »sechswöchiger Fahrt am 16. November 1892« in Melbourne ein (R 16 | P 18) und der Großbauer Wurrach wird »trotz seines hohen Alters« zum »Ortsbauernführer« (R 23 | P 25) ernannt, was eine Zeitspanne von gut 40 Jahren umfasst. Man könnte also Klaras Geburt auf ungefähr 1880 ansetzen, ihren Tod wie auch den Verkauf des Grundstücks auf die Zeit zwischen 1933 und 1935.

2 Hähnel-Mesnard sieht in diesem Zeitenwechsel einen »Übergang aus einer traditionellen, Orientierung bietenden Zeitordnung in eine modernere, schnellere und unruhigere Zeit« und betont den damit einhergehenden Verlust von Orientierungspunkten für die Menschen. In: Carola Hähnel-Mesnard, *Zeiterfahrung und gesellschaftlicher Umbruch in Fiktionen der Post-DDR-Literatur*, Göttingen 2022, S. 229.

3 So wird z. B. jede der Schwestern in irgendeinen persönlichen Bezug zum Heiratsgebot gesetzt, während bei Klara nur ihr Erbteil zur Sprache kommt, dessen Vergrößerung »durch Heirat nicht ansteht« (R 18 | P 19). Klara als Figur aus Fleisch und Blut kommt also erstmalig mit ihrer Fischer-Fantasie ins große Bild. Da zudem bekannt ist, dass die Mutter bei Klaras Geburt verstarb (R 16 | P 18), kann man durchaus über Klaras Gesundheitszustand vor ihrem ersten Auftritt und die eventuell schon vorher unsichere Heiratsoption spekulieren.

von manchen Rezipienten festgestellt, gibt der Text nicht her.[4]

Demzufolge ist Klaras Handeln bei aller Tragik doch auch als Widerständigkeit gegen die ihr aufoktroyierte Frauenrolle der Zeit zu lesen. Wenn in den zeitlosen Regelsequenzen, die fortwährend in die epische Sukzession montiert werden, die archaischen Rituale des Beginns (R 12–14 | P 14–16 und R 15 f. | P 17 f.) zu Kinderreimen, Spaßrätseln (R 19 f. | P 21 f.) sowie reichlich Unsinnspoesie (R 21 f. | P 23 f.) übergehen, scheint doch auch ein – wenngleich kindlich-verwirrter – Freigeist zum Vorschein zu kommen. Der stirbt aber mit Klara, so dass am Ende wieder die ländlichen Verhaltensregeln für einen Todesfall die Oberhand gewinnen. Indes zeichnet sich das natürliche Ende der Wurrach'schen Regionalmacht bereits ab.

4 Vgl. z. B. Gillian Pye, »Jenny Erpenbeck and the Life of Things«, in: Valerie Heffernan / G. P. (Hrsg.), *Transitions. Emerging Woman Writers in German-language Literature*, Amsterdam 2013, S. 119, und Beatrix Langner, »Heimstatt mit Gebrauchsspuren«, in: *Literaturen* 3 (März 2008), S. 67.

Unterrichtsverlauf

Überblick. Die Schülerinnen und Schüler betrachten das Kapitel 1 »Der Großbauer und seine vier Töchter« inhaltlich und stilistisch. Über analytische Textarbeit wird eine Visualisierung des Inhalts gemeinsam entwickelt und im Anschluss schriftlich zusammengefasst. **! Verkürzter Verlauf: 2.1 – 2.3 – 2.4 – 2.5**

Phase	Thema	Sozialform	Kompetenzen/Lernziele	Materialien
Voraussetzungen: Textkenntnis des Textes bis S. 24 (R) bzw. 26 (P)				
2.1	Einstieg 1: Ordnung und Neumontage der Textauszüge	PA / UG	• Wirkungsanalyse der Kombinationen durchführen • Leserfunktion diskutieren	ARBEITSBLATT 2 ➤ S. 26
2.2 fakultativ	Einstieg 2: Erläuterungen und möglicherweise Eigenversuche zur Kollisionsmontage	LV / UG / PA	• Klassisches Beispiel filmischer Montageeffizienz kennenlernen und antizipierend auf Literatur übertragen	VORLAGE 2 ➤ S. 23
2.3	Textarbeit: Selektives Lesen des Textes und Überführung der Ergebnisse in eine Strukturskizze	UG / GA	• Handlungsinhalte nach Schwerpunkten untersuchen und in eine Ergebnisdarstellung überführen	
2.4	Sicherung der Textarbeit	SV / UG	• Ergebnisse besprechen • Strukturskizze entwickeln	TAFELBILD 2 ➤ S. 25
2.5	Vertiefung: Erstellen einer Inhaltsangabe bzw. eines Abstracts	EA / UG	• Inhaltliche Schwerpunkte zusammenfassen • Montagestruktur im Text berücksichtigen	
HA	Vervollständigung des Schreibauftrags			

Hinweis. Möglich ist auch, im Vorfeld dieser Stunde mit der fünften Einheit zu beginnen; siehe Hinweis dort (S. 45).

2.1 Einstieg 1: Ordnung und Neumontage der Textauszüge

PA / UG

ARBEITSBLATT 2 ➤ S. 26

Unterrichtsschritt. Den Schülern werden verschiedene kurze Ausschnitte des Kapitels 1 (R 12–24 | P 14–26) als Material zum Ausschneiden vorgelegt (ARBEITSBLATT 2 *»Der Großbauer und seine vier Töchter«*), die verkürzte Handlungsdetails (gerade Schrift) und Montageeinschübe (kursive Schrift: Lebensregeln, Unsinnspoesie) repräsentieren. Nach einem ersten chronologischen Ordnungs- und Erklärungsversuch sollen neue Kombinationen gebildet und in ihrer Wirkung beurteilt werden.

Leitfragen für das Unterrichtsgespräch:

- Inwiefern prägen der Regelkanon und die Unsinnspoesie den vorherigen bzw. folgenden Handlungsinhalt?
- Wer spricht hier eigentlich und zu welchem Zweck?

Erläuterungen. Die Handlungsfolge des Kapitels wird überwiegend von einem neutralen Erzähler berichtet, der allerdings im Wendepunkt eine einfühlende Nähe zu Klara eingeht und in den Montagebausteinen auktoriale Kommentarfunktionen bedient. Sinn und Zweck dieser Haltungsdifferenz sind die Darstellung des durch Fremdbestimmung und Aberglauben geordneten Zeitkolorits sowie eine verstärkte Einfühlung in die Retardierung der Figur Klara. Über eine solche Kommentierung wird der Leser in der kommenden Handlungsführung situiert und kann die Inhalte des kühlen Erzählerberichts besser verstehen, ihnen auch affektiv involviert folgen. Eigene Neumontagen sollen den Schülern dabei veranschaulichen, dass die jeweilige Auswahl die (lustige, verwirrte, traurige etc.) Wirkung der Kombination (und damit auch des Handlungsinhalts) bestimmt.

2.2 Einstieg 2: Erläuterungen und möglicherweise Eigenversuche zur Kollisionsmontage (fakultativ) *

Unterrichtsschritt. Die Schüler lesen den Text VORLAGE 2 ***Kollisionsmontage*** zu Eisensteins Film *Panzerkreuzer Potemkin* (1925) und schauen die kurze Sequenz evtl. im Internet an (z. B. https://www.youtube.com/watch?v=sChr6jm7Ntw, 15 sec., oder etwas länger: https://www.youtube.com/watch?v=K1Vx3AOpVDo, ab min. 10:42). Nach der Klärung des Verfahrens der Kollisionsmontage und einer ersten Diskussion über

LV / UG / PA

VORLAGE 2

➤ S. 23

Internetzugang

VORLAGE 2

Kollisionsmontage

Eisensteins »drei Löwen« sind Ikonen der Kollisionsmontage. [...] Wenn im Film *Panzerkreuzer Potemkin* (1925) die Zarenmiliz Odessas eine friedliche Demonstration brutal und blutig niederschlägt, mischt sich die meuternde Besatzung der »Potemkin« ein und feuert mit einem der Schiffsgeschütze gegen das Blutbad. Man sieht das abfeuernde Geschütz, die Detonation des Geschosses an der Oper von Odessa und dann drei steinerne Löwen. Der erste schläft, der zweite erwacht und der dritte richtet sich auf [Abb. 1–3]. Nach kurzer Rückwendung zum rauchenden Beschussergebnis erfolgt die Abblende.

Die Wirkung dieser Intervention ist so einfach wie verblüffend. Die ›Löwen‹ stehen in keinem Bezugsverhältnis zur Haupthandlung, sie unterbrechen die Narration vielmehr für einen Regiekommentar. Wenn die meuternden Matrosen gegen das repressive Zarensystem aufstehen und sich bewaffnet auf die Seite der einfachen Bevölkerung stellen, dann ist der schlafende Löwe erwacht und zeigt seine Kraft. Das Volk schüttelt seine Unterdrücker ab, wenn es nur zusammenhält und seine (zahlenmäßige) Übermacht erkennt. Die Metapher des Löwen steht somit für die wahren Machtverhältnisse im Staat. Sein Erwachen stellt in dieser Aufarbeitung der letztlich gescheiterten russischen Revolution von 1905 die drängende Frage nach dem Status quo und setzt, so suggeriert der Film, den wichtigen ersten Funken für den 12 Jahre später gelingenden Neuversuch.

Ingo Kammerer / Klaus Maiwald: Filmdidaktik Deutsch. Eine Einführung.
Berlin: Erich Schmidt Verlag, 2021. S. 64 f.

Ähnlichkeiten und Differenzen zum Montagevorgehen Erpenbecks im Kapitel 1 können eigene Versuche kommentierender Vergleiche per Handy umgesetzt, präsentiert und diskutiert werden.

- Warum wird bei solchem Vorgehen »die Narration unterbrochen«?
- Wo gibt es Parallelen, wo Unterschiede zu Erpenbecks Montage?

Erläuterungen. Die »drei Löwen« sind nicht nur eine filmische Ikone, sondern auch gut zur Verdeutlichung des Bauprinzips in Erpenbecks Kapitel heranzuziehen. Natürlich ist das filmische Bild in seiner deutlichen Metaphorik nicht so ohne Weiteres auf einen literarischen Text zu überführen: Die Wirkung der Bilderfolge bei Verschriftung wäre ungleich schwächer, auch findet bei Erpenbeck strenggenommen kein bildhafter Vergleich statt. Allerdings versucht sie mit den Unterbrechungen durch Regelkanones und (Unsinns-)Poesie wie Eisenstein, den Leser in eine Stimmung bzw. zu einer Haltung zu führen, wenn sie Lebensbedingungen Klaras und deren Introspektion (durchaus kommentierend) an den Leser weitergibt.

2.3 Textarbeit: Selektives Lesen des Textes und Überführung der Ergebnisse in eine Strukturskizze

UG / GA

Unterrichtsschritt. Über das Unterrichtsgespräch werden nun ausschließlich die handlungstragenden Inhalte des Kapitels 1 »Der Großbauer und seine vier Töchter« (R 14 f., 16–19, 20 f., 21–23 | P 16 f., 18–21, 22–25) identifiziert und gelesen. Anschließend gehen die Schülerinnen und Schüler in Kleingruppen zusammen, um die Inhalte in einer Visualisierung (Text-Bild-Skizze) festzuhalten. Fokussierungen können dabei sein:

- Versuchen Sie die Organisationsstruktur der geschlossenen Dramenhandlung (Exposition, Konfliktentwicklung, Wendepunkt, Verzögerungen, Lösung) zu berücksichtigen!
- Berücksichtigen Sie in Ihrer Darstellung auch die ›Insel‹ (»Klaras Wald«) und ihre Entwicklung!
- Arbeiten Sie mit Bildmotiven und Textbausteinen!
- Verdeutlichen Sie eine Entwicklung!

SV / UG

2.4 Sicherung der Textarbeit

TAFELBILD 2 ➤ S. 25

Unterrichtsschritt. Die Strukturskizzen werden anschließend präsentiert und diskutiert. Im Anschluss können eine gemeinsame Tafelskizzierung durchgeführt sowie der mnemotechnische Ertrag einer solchen Visualisierung besprochen werden (TAFELBILD 2).

2.5 Vertiefung: Erstellen einer Inhaltsangabe bzw. eines Abstracts

EA / UG

Unterrichtsschritt. Die Schülerinnen und Schüler schreiben eine Inhaltsangabe bzw. einen Abstract über das erarbeitete Kapitel. Möglicherweise sollten im Vorfeld die Textsortenbedingungen kurz wiederholt werden. Auch ist ein Bezug zu den im Vorfeld visualisierten Inhalten anzuraten. Infolge der Schreibarbeit werden einige Beispiele vorgestellt und mit der Lerngruppe diskutiert.

Erläuterungen. In direkter Folge der visualisierten Darstellung ist ein zusammenfassender Text eine stimmige Überführung zur schriftlichen Auseinandersetzung mit Literatur und überträgt zugleich die Ergebnisse der visuellen Übersetzung (zurück) ins syntaktische Feld. Wünschenswert wäre demnach die Bezugnahme auf die Strukturskizzen und auch die Integration der in den Montageelementen abgebildeten zeithistorischen und emotionalen Erfahrungswelt der Figuren.

Hausaufgabe

Gegebenenfalls Vervollständigung des Schreibauftrags aus Unterrichtsschritt 2.5.

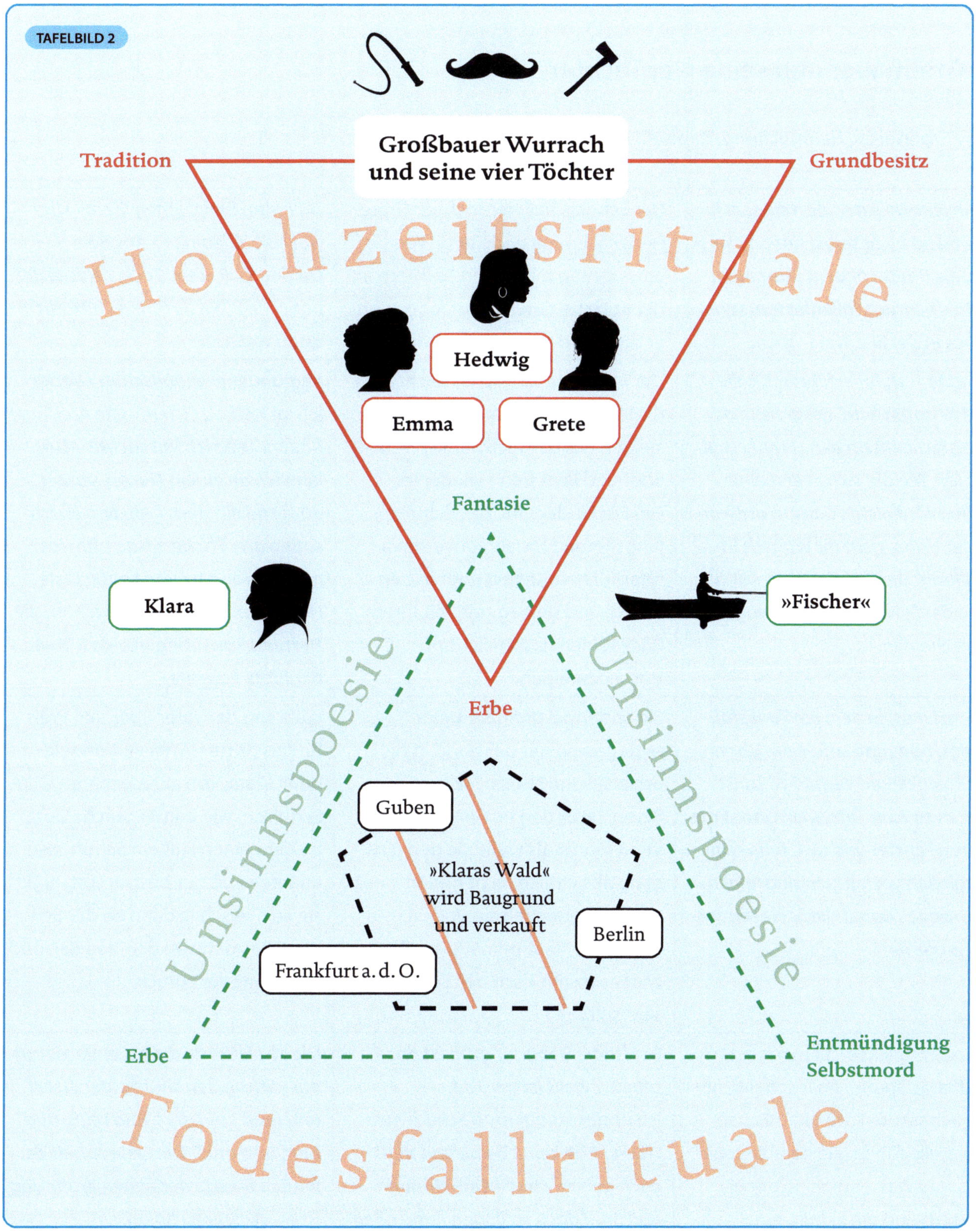

(Grafiken: Vecteezy.com)

ARBEITSBLATT 2

Der Großbauer und seine vier Töchter

(Jenny Erpenbeck, *Heimsuchung*, Kapitel 1)

Wenn eine heiratet, darf sie sich ihr Brautkleid nicht selbst nähen. Auch darf die Braut vor dem Altar nicht ihr Taschentuch fallenlassen, sonst gibt es in der Ehe viel Tränen.	Der Schulze hat vier Töchter: Grete, Hedwig, Emma und Klara. Wenn er am Sonntag mit seinen Töchtern in der Kutsche durchs Dorf fährt, zieht er den Pferden weiße Strümpfe an.	*Da nahm Binka einen Stein / Und warf Bibeldebinka / Ans Bein. / Da fing Zick, Zett, Zack, / Nobel de Bobel de Bibel de Binka / bitterlich an zu wei'n.*
Will eine Jungfer erfahren, ob sie bald heiraten wird, muss sie in der Sylvesternacht an den Hühnerstall klopfen. Meldet sich zuerst eine Henne, wird nichts daraus, antwortet der Hahn, geht ihr Wunsch in Erfüllung. Den Zukünftigen kann sie in der Sylvesternacht zwingen, zu erscheinen.	Der unbekannte Fischer reicht ihr die Hand, sie hilft ihm beim Aussteigen aus dem schwankenden Boot und lässt dann wieder los. Der Fischer legt ihr, des Schulzen jüngster und bislang unverheirateter Tochter, seinen Kopf in den Schoß, und sie beginnt, mit ihrem Rock seinen nassen Schopf trockenzureiben.	*Vergangenen Handschuh / Verlor ich im Herbst. / Ich musste drei Tage finden, / ehe ich ihn suchte. / Da kam ich an einem Garten vorbei, / da stand ein Herr. / An dem Herrn saßen drei Tische. / Da nahm ich meinen Tag ab / und sagte: Gute Hut, meine Herren. / Da lachten die Herren so anzufingen, / daß ihnen der Platz bauchte.*
In dem Haus, in dem ein Todesfall erfolgt, hält man sofort die Uhr an. Der Spiegel wird verhängt, sonst sieht man zwei Tote. Man öffnet die oberen Fenster und löst, falls keine Dachluken vorhanden sind, einen Dachziegel, damit die Seele hinausfahren kann.	Ein andermal greift sie beim Mittagessen mit der Hand in die Schüssel und streicht sich im Beisein aller den heißen Brei um ihren Mund, als wolle sie den Eingang absichtlich nicht finden, aber auch dabei lächelt sie und ist es zufrieden. Für einen Augenblick wird es da am Tisch des Schulzen sehr still.	Während der Vater über den Preis für das dritte Drittel verhandelt, hinkt Klara, von allen genannt Olle Schulzen, wie immer durchs Dorf, an dem einen Fuß ein Schuh, den anderen Fuß nur bestrumpft, hinkt sie am Fleischer, dann an der Schule vorbei, dann an der Ziegelei, und später wieder zurück.
Emma entdeckt erst am nächsten Tag Klaras Spuren im frisch gefallenen Schnee, bei der öffentlichen Badestelle führen sie geradewegs ins graue Wasser hinein, immer abwechselnd ein Schuh, ein Strumpf, ein Schuh, ein Strumpf, ein Schuh. Wenig später wird auch ihr Leichnam gefunden.	*Rot ist die Geburt, / grün ist das Leben, / weiß ist der Tod.* *Ich armer Soldat muß Schildwach stehn / hab keine Beine und muß doch gehen, / hab keine Hände und muß doch schlagen / und allen Leuten die Wahrheit sagen.* *Loch an Loch. / Halten tut es doch.*	*Die zwei Worte, die bei einer Heirat am wichtigsten sind, lauten: Darf und muß, und darf, und muß, und darf, und muß. Die erste Arbeit der jungen Frau in der neuen Wohnung ist es, Wasser zu holen.*

3 *Heim, Heil und Haut* – Das Haus am See als Fluchtpunkt in Zeit und Raum verstehen

Sachanalyse

Den »Garten Eden in zwölf quadratischen Kapiteln« (R 34, 167 | P 37, 173) gibt es tatsächlich, und er steht weiterhin am alten Platz. Seinem symbolischen Abriss im Romanfinale zum Trotz kann man das Haus am Scharmützelsee noch finden, saniert und mit den im Roman beschriebenen »Scheiben aus buntem Glas« (R 63 | P 67).[1] Dort lebte Jenny Erpenbecks Großmutter, Hedda Zinner, verbrachte Erpenbeck selbst ihre Sommerferien und waren auch die anderen Figuren des Romans temporär zu Hause oder zu Besuch.

Jenny Erpenbeck hat den autobiografischen Ursprung dieses Ortes, seine Nachwirkung in ihrer Traumwelt, und die aus der Realität gegriffenen Figuren nie geleugnet, aber dann auch festgestellt, dass es schon »eine infame Art der Inbesitznahme« sei,[2] wenn man über ein vertrautes Haus, seine Bewohner wie auch deren Nachbarn literarisch reflektiert. Man rückt dem Erinnerungsort zu Leibe, erfährt durch Recherche Unerwartetes, orientiert sich neu, sieht klarer, um dann zu verdichten, anzubauen und schließlich abzureißen, kurz: poetisch zu gestalten.[3] Dieses Vorgehen Erpenbecks benennt Sonja Dickow pointiert als eine Art der »literarischen Archäologie« und präzisiert, dass so über das Erzählen den faktischen Orten »Geschichte als literarische Geschichten« wieder eingeschrieben werde.[4] Das reale Haus am See ist also Ursache, Auslöser und Orientierungspunkt des Textes, wird darin selbst aber zu einem Dingsymbol oder leitmotivischen Sammlungsraum der literarischen Darstellung von Vergänglichkeit und Tod, der eigenen Endlichkeit und der Endlichkeit der Hoffnungen, die man hat.[5]

Erpenbeck gestaltet demzufolge, auch im Sinne einer »Beschäftigung mit Geschichte und ihrer Erzählbarkeit«,[6] das Haus zum Protagonisten des Romans und malt, so Bettina Bannasch, »das Bild von einem deutschen Haus der Geschichte«.[7] Das geht infolge der räumlichen Begrenzung nicht ohne bruchstückhafte Reduktion der Inhalte und Figuren vonstatten und ist zudem durchgängig auf die Vervollständigung durch den Leser angewiesen. Geschichte wird somit fragmentiert und zugleich durch die handelnden Figuren und die Leseraktivität privatisiert. Historische Ereignisse wie konkrete Zeitangaben sind dabei stets gut im Text versteckt und äußerst selten,[8] das chronologische Voranschreiten der Handlung wird durch Rückblenden und Ausblicke in der Schwebe gehalten, so dass »Geschichte […] als geschichtete Zeit sichtbar [wird]«[9] oder die verschiedenen Zeitebenen quasi simultan über die Erinnerungen der Figuren miteinander korrespondieren. Da diesen Figuren aber jeweils nur ein kurzer Aufenthalt gewährt wird und eine Identifikation mit ihnen auch aus anderen Gründen nicht möglich ist, wird allein das Haus zur »zentralen ›Figur‹«,[10] zum »leitmotivischen Fluchtpunkt« des Ro-

1 In der Denkmalliste Brandenburgs wird das Haus als Baudenkmal in Diensdorf-Radlow, Uferweg 13, geführt. Vgl. de.wikipedia.org/wiki/Liste_der_Baudenkmale_in_Diensdorf-Radlow (Stand: 13.12.2023).

2 Katharina Döbler, »Großmutters klein Häuschen«, in: *Die Zeit*, 29.5.2008, www.zeit.de/2008/23/L-Erpenbeck-NL/komplettansicht (Stand: 13.12.2023).

3 Vgl. Jenny Erpenbeck / Jan Bürger, »Gespräch über die Entstehung des Romans«, in: *Geschichten aus einem Haus* [Lesung und Gespräch am 28.5.2008 im Deutschen Literaturarchiv Marbach)], www.dichterlesen.net/veranstaltungen/detail/geschichten-aus-einem-haus-2053 (Stand: 13.12.2023).

4 Sonja Dickow, *Konfigurationen des (Zu-)Hauses. Diaspora-Narrative und Transnationalität in jüdischen Literaturen der Gegenwart*, Berlin 2019, S. 145.

5 Vgl. Ariane Mohl, »Fragile Idylle. Interview: Jenny Erpenbeck über ihren Roman, das Schreiben von Gedichten und die große Politik«, in: *Märkische Allgemeine Zeitung*, 10.3.2008, S. KULTUR 1.

6 Anke S. Biendarra, »Jenny Erpenbecks Romane *Heimsuchung* (2008) und *Aller Tage Abend* (2012) als europäische Erinnerungsorte«, in: Friedhelm Marx / Julia Schöll (Hrsg.), *Wahrheit und Täuschung. Beiträge zum Werk Jenny Erpenbecks*, Göttingen 2014, S. 125.

7 Bettina Bannasch, »Der Garten Eden in zwölf quadratischen Kapiteln. Anmerkungen zu Jenny Erpenbecks Roman *Heimsuchung* (2008)«, in: Stephanie Catani / Friedhelm Marx (Hrsg.), *Über Grenzen. Texte und Lektüren der deutschsprachigen Gegenwartsliteratur*, Göttingen 2015, S. 31.

8 Die Weimarer Republik ist im ländlichen Feudalismus des Kapitels 1 unerheblich, der Erste Weltkrieg wird kurz im Kapitel 2 (*Der Architekt*) thematisiert, das Dritte Reich und der Zweite Weltkrieg indes bekommen einige klare zeithistorische Hinweise (Boxkampf Schmeling gegen Louis, Kartoffelkäferplage 1936–38, Krieg gegen Holland, Ermordung der Juden in Kulmhof, Film »Robert und Bertram«, Räumung des Warschauer Ghettos, Kapitulation vor Stalingrad, D-Day, Schlacht bei den Seelower Höhen, Fall Berlins), die Exilzeit der Kommunistin, die Fluchterlebnisse der Besucherin (Kapitel 8) und der Unterpächterin (Kapitel 9) werden eher räumlich als zeitlich angerissen, die Zeit in der DDR wird immerhin mit der ersten und zweiten Enteignungswelle grob situiert, auch nach der Wiedervereinigung gibt es vereinzelte Zeitverweise (Mauerfall, Brand des Schmeling-Hauses, eher vage: Restitution, »Rückgabe vor Entschädigung«).

9 Roman Bucheli, »Am Ufer des Märkischen Meers«, in: *Neue Zürcher Zeitung*, 2.2.2008, www.nzz.ch/am_ufer_des_maerkischen_meers-ld.461571 (Stand: 13.12.2023).

10 Vgl. Katharina Grabbe, *Deutschland – Image und Imaginäres. Zur Dynamik der nationalen Identifizierung nach 1990*, Berlin/Boston 2014, S. 234.

mans[11] und trägt als wirkmächtiger Chronotopos all die Ambivalenzen in sich, die das 20. Jahrhundert auszeichnen.[12] Neben Momenten des privaten Glücks und einer positiven Zukunftshoffnung werden über die Figuren, das Haus und die Landschaft direkt historische Themen wie Flucht und Vertreibung, die Shoah, Kriegs- und Exilgräuel, Enteignung und Restitution, Republikflucht und Wiedervereinigung gespiegelt. Das auf diese Weise heimgesuchte oder vielschichtig attribuierte Haus – wenn man so will: der eigentliche ›Charakter‹ des Romans – ist zwangsläufig eine »Idylle mit Abgründen«.[13]

Solcher Abgrund ist bedingt durch die wechselhaften geschichtlichen Umbrüche des 20. Jahrhunderts und »Heimsuchungen der Gewalt«[14] von Menschen durch Menschen, die vor Ort ihre Wandlungsspuren hinterlassen.[15] Trotzdem wird, umgeben von unheilvollen Zeitläufen, immer wieder ein Idyll gesucht, hoffen die Menschen auf eine glückliche Zukunft und dauerhafte Heimat am See und finden selbst dann, wenn ihre Gegenwart ein einziger Schrecken ist, vorübergehend innere Ruhe bei der Erinnerung an diese Landschaft.[16]

Man kann dies leicht als törichte Fehlleistung oder realitätsferne Vorstellung von Beständigkeit abtun, muss aber doch anerkennen, dass die Projektionen der Figuren auf Haus und Landschaft nichts anderes sind als eine auf Zukunft ausgerichtete positive Lebenserwartung, die das Schicksalspendel der Geschichte für einen Augenblick ignoriert. Begriffe wie »Heimat«, »Erbe«, vielleicht sogar die allzu naive »Ewigkeit« scheinen die Hoffnung des Menschen auf Kontinuität und Sicherheit zum Ausdruck zu bringen. Kann man sie dafür schelten? Jedenfalls tragen die von Figuren vollzogene Vermenschlichung des Hauses[17] sowie synästhetische Empfindungen der Landschaft[18] dieser Utopie in gewisser Weise Rechnung.

11 Inga Probst, »Auf märkischen Sand gebaut. Jenny Erpenbecks *Heimsuchung* zwischen verorteter und verkörperter Erinnerung«, in: Ilse Nagelschmidt [u. a.] (Hrsg.), *Geschlechtergedächtnisse. Gender-Konstellationen und Erinnerungsmuster in Literatur und Film der Gegenwart*, Berlin 2010, S. 72.

12 Vgl. zum Chronotopos des Romans Abb. 3 in: Swantje Ehlers, *Lektüreschlüssel XL. Jenny Erpenbeck: Heimsuchung*, Ditzingen 2024, S. 40 f.

13 Astrid Köhler, »Große Form – kleine Form. Gegen den Strich der Familiensaga«, in: Silke Horstkotte / Leonhard Herrmann (Hrsg.), *Poetiken der Gegenwart. Deutschsprachige Romane nach 2000*, Berlin/Boston 2013, S. 233.

14 Franziska Meyer, »Sommerhaus, früher: Jenny Erpenbecks *Heimsuchung* als Korrektur von Familienerinnerung«, in: *Gegenwartsliteratur. Ein germanistisches Jahrbuch* 11 (2012), S. 332.

15 Dagegen verstärken die im Prolog erwähnten »unterseeische[n] Berge« (R 10 | P 10), die nur manche Figuren sehen können (vgl. etwa R 75 | P 80) und zu denen eventuell Klara auf der Suche nach dem ›Fischer‹ selbstmörderisch aufbricht, eher das Idyll um eine märchenhaft gedeutete Naturkomponente.

16 »Tatsächlich eint alle Figuren […] die Sehnsucht nach einem dauerhaften, stabilen Zuhause« (Probst, s. Anm. 11, S. 85).

17 Insbesondere in den Kapiteln 2 (*Der Architekt*) und 11 (*Die unberechtigte Eigenbesitzerin*) erhält das Haus menschliche Züge (R 33–35, 39 f. | P 36–38, 42), wird mit einer Totenaufbahrung in Bezug gesetzt (R 178 | P 184) und auch als »weit innen« liegender (R 179 | P 185) Teil des Menschen bezeichnet.

18 Im Kapitel 5 (*Das Mädchen*) erinnert sich Doris, während sie sich vor der SS versteckt, bei ihrem Transport ins Vernichtungslager und kurz vor ihrer Ermordung, an »die Zeit […], in der alles da war« (R 77 | P 82). Sie hört die Geräusche am Scharmützelsee (R 77 | P 82), sieht den Himmel, riecht die Kiefern und spürt »den Sand unter den Schuhen […] so wie am See« (R 86 | P 91).

Unterrichtsverlauf

Überblick. Die Schülerinnen und Schüler betrachten den Protagonisten, das Haus am See, sowie die es umgebenden Räumlichkeiten, in einem Querschnitt durch den Roman. Dabei lernen sie einen Chronotopos kennen, an dessen Beispiel Raum und Zeit korrespondierend verdeutlicht werden können. Die erworbenen Erkenntnisse werden abschließend in einer Chronik-Darstellung zusammengefasst oder aus der Sicht einer Figur einfühlend reflektiert. ! **Verkürzter Verlauf: 3.2 – 3.3 – 3.4 – 3.5**

Phase	Thema	Sozialform	Kompetenzen/Lernziele	Materialien
Voraussetzungen: vollständige Lektüre des Romans				
3.1 **fakultativ**	Einstieg 1: Die Sehnsucht nach dem Idyll – Peter Fox: *Haus am See*	UG	• Songinhalte rund um Flucht und Sehnsucht, das Haus am See als (ironischen?) Glücksort und *locus amoenus* analysieren	VORLAGE 3a ➤ S. 30
3.2	Einstieg 2: »Idylle mit Abgründen« – Das Haus am See als Chronotopos im Roman *Heimsuchung*	UG / LV	• Sujet- und Toposideal kennenlernen • Eigene Lektüreerfahrungen zum Haus am See und seiner Umgebung mitteilen und in räumlich-zeitlicher Korrespondenz auf eine räumliche Skizze projizieren	VORLAGE 3b ➤ S. 31 VORLAGE 3c ➤ S. 32
3.3	Erarbeitung: Figurenblicke auf das Haus, Figurenerlebnisse im, um das Haus	GA / UG	• Den jeweiligen Kapiteln gezielt Inhalte entnehmen und in ein vorstrukturiertes Arbeitsblatt eintragen	ARBEITSBLATT 3 ➤ S. 34 VORLAGE 3c ➤ S. 32
3.4	Sicherung: Vervollständigung des Arbeitsblatts – Verdeutlichung des Chronotopos »Haus am See«	EA / UG	• Lektüreergebnisse präsentieren und zuordnen • Zeitliche Entwicklung grob skizzieren	ARBEITSBLATT 3 ➤ S. 34
3.5	Vertiefung: Anschlusshandlung – Chronik oder Figurenrückblick	LV / EA	• Zeitliche Entwicklung des Hauses oder persönliche Einschätzung als Figurenrückblick beschreiben	
HA	Vervollständigung des Schreibauftrags			

3.1 Einstieg 1: Die Sehnsucht nach dem Idyll – Peter Fox: *Haus am See* (fakultativ)

Unterrichtsschritt. Die Schülerinnen und Schüler hören bzw. sehen den Popsong *Haus am See* von Peter Fox (www.youtube.com/watch?v=X9CZWROyqSE, Stand: 13.12.2023) und äußern sich zunächst frei. Vorab könnte eine Assoziationsrunde zum Schlagwort »Idylle« bzw. »Haus am See« den Betrachtungsfokus enger ziehen. Nach Vorlage des Songtextes VORLAGE 3a ***Peter Fox: »Haus am See« (2008)*** wird eine Kurzanalyse der Hoffnungen des lyrischen Ichs in Bezug auf das Haus am See durchgeführt und sodann diese Vorstellungen diskutiert. Leitfragen könnten sein:

UG

VORLAGE 3a ➤ S. 30 Internetzugang

- Was für ein Leben führt das lyrische Ich und wie möchte es leben?
- Welche Vorstellungen von Glück verbindet das lyrische Ich mit dem Haus am See?
- Wie ernst ist es dem Künstler mit dieser Zukunftsvision? Gibt es Ironiesignale?

Erläuterungen. Das lyrische Ich ist ein Träumer und Spieler, der sich nach verwegener Lebensgestaltung (»schicke Frau mit schnellem Wagen«, »Welt vor mir ist für mich gemacht«, »Spiel mit gezinkten Karten«, harter linker Haken Gottes) einen Ruhepunkt wünscht. Diesen macht es im Haus am See aus mit (»schöne[r]«) Frau und (»20«) Kindern, schließlich (»100«) Enkelkindern. Der abstruse Gegensatz entsteht aus dem riskanten Aufbruchswunsch, um schließlich Stillstand zu erreichen. Das Haus ist ein geträumtes Zukunftsziel (»Im Traum geseh'n«, »irgendwann werd ich vom Glück verfolgt«, »Taschen voll Gold«), das in seiner (spieß-)bürgerlichen Ausstaffierung (Großfamilie, Orangenbaum) und der Trägheit (»brauch nie rauszugehen«) gerade im Hip-Hop-/Rap-

VORLAGE 3a

Peter Fox: *Haus am See* (2008)

Hier bin ich geboren und laufe durch die Straßen
Kenn die Gesichter, jedes Haus und jeden Laden
Ich muss mal weg, kenn jede Taube hier beim Namen
Daumen raus, ich warte auf 'ne schicke Frau mit schnellem Wagen

Die Sonne blendet, alles fliegt vorbei
Und die Welt hinter mir wird langsam klein
Doch die Welt vor mir ist für mich gemacht
Ich weiß, sie wartet und ich hol sie ab –

Ich hab den Tag auf meiner Seite, ich hab Rückenwind
Ein Frauenchor am Straßenrand, der für mich singt
Ich lehne mich zurück und guck ins tiefe Blau
Schließ die Augen und lauf einfach g'radeaus

[Chorus:]
Und am Ende der Straße steht ein Haus am See
Orangenbaumblätter liegen auf dem Weg
Ich hab 20 Kinder, meine Frau ist schön
Alle komm'n vorbei, ich brauch nie rauszugehen
(Im Traum geseh'n, das Haus am See)

Ich suche neues Land mit unbekannten Straßen
Fremde Gesichter und keiner kennt mein'n Namen
Alles gewinn'n beim Spiel mit gezinkten Karten
Alles verlier'n, Gott hat einen harten linken Haken

Ich grabe Schätze aus in Schnee und Sand
Und Frauen rauben mir jeden Verstand
Doch irgendwann werd ich vom Glück verfolgt
Und komm zurück mit beiden Taschen voll Gold

Ich lad die alten Vögel und Verwandten ein
Und alle fang'n vor Freude an zu wein'n
Wir grillen, die Mamas kochen und wir saufen Schnaps
Und feiern eine Woche jede Nacht

[Chorus:] 2 mal
Und der Mond scheint hell auf mein Haus am See …

Hier bin ich geboren, hier werd ich begraben
Hab taube Ohren, 'n weißen Bart und sitz im Garten
Meine 100 Enkel spielen Cricket auf'm Rasen
Wenn ich so daran denke, kann ich's eigentlich kaum erwarten

www.songtexte.com/songtext/peter-fox/haus-am-see-1bcc913c.html (Stand: 23.11.2023). Text: Pierre Baigorry / David Conen / Vincent Graf von Schlippenbach / Ruth-Maria Renner.

Genre nurmehr ironisch gelesen werden kann. Fox selbst meint aber auch: »Es zeigt meine spießige Seite.« (*Frankfurter Allgemeine Zeitung*, 22.10.2022, Pop-Anthologie 102) Gleichwohl scheint die Idee eines Hauses am See auch für manche jungen Menschen noch immer ein erstrebenswerter Heimatwunsch zu sein, was dieser Einstieg besonders betont.

3.2 Einstieg 2: »Idylle mit Abgründen« – Das Haus am See als Chronotopos im Roman *Heimsuchung*

UG / LV

VORLAGE 3b ➤ S. 31

VORLAGE 3c ➤ S. 32

Internetzugang

Unterrichtsschritt. Zu Beginn wird am Beispiel einer Google-Bildersuche »Haus am See« die idyllische Wirkung solcher Räumlichkeit verdeutlicht, was bereits kritisch hinterfragt werden kann. Nach einem folgenden Austausch zur Idylle des Hauses in *Heimsuchung* konfrontiert die Lehrkraft die Schüler mit dem Textauszug von Astrid Köhler (VORLAGE 3b ***»Idylle mit Abgründen«***) und bespricht mit ihnen deren Einschätzung. Insbesondere die Formulierung »Idylle mit Abgründen« soll dabei erläutert und inhaltlich belegt sowie die »trügerische Hoffnung« einer Heimatsuche diskutiert werden. Parallel dazu wird eine Raumskizze (VORLAGE 3c ***Lageskizze des Hauses am See***) der Bedingungen im Roman aufgelegt und figürlich wie zeitlich im Unterrichtsgespräch verortet (wechselnde Besucher/Besitzer, Ereignisse, ungefährer Zeitrahmen). Ein kurzer Lehrervortrag zum literarischen Phänomen des Chronotopos schließt vor der anstehenden Erarbeitung in Unterrichtsschritt 3.3 den zweiten Einstieg ab.

Leitfragen zum Köhler-Textauszug könnten sein:

- Welche Abgründe meint Köhler? Was bleibt dann noch von der Idylle?
- Warum ist die Hoffnung auf Heimat trügerisch?
- Inwiefern ist das ein »historischer, sozialer und politischer Kosmos des deutschen 20. Jahrhunderts«? Was fehlt?

Erläuterungen. Köhler fängt mit den Bezeichnungen die ambivalente Stimmung des Romans gut ein und empfiehlt schon hier eine Lektürehaltung der distanzierten Nähe. Das Idyll von Haus und Landschaft gerät durch die historischen Wendungen und die Figuren, die entsprechend der politischen Rahmenbedingungen handeln (müssen), in manchen Abgrund. Auf diese Weise werden Hoffnungen schnell trügerisch und sind sie zwar menschlich nachvollziehbar, aber eben auch gegenwartsblind bzw. zukunftsutopisch. Dass Köhler, wenn sie vom »deutschen 20. Jahrhundert« spricht, die erste deutsche Demokratie von Weimar subtrahiert und auch der BRD-Geschichte nur ein Dasein als ›kapitalistische Räumungsklage‹, räuberische Verwandtschaft und Fluchtmöglich-

VORLAGE 3b

»Idylle mit Abgründen«

Jenny Erpenbecks Heimsuchung ist nicht als Familienchronik, sondern als Chronik eines Hauses gefasst. [...] In der Geschichte des Hauses liegen die seiner wechselnden Bewohner und ihrer Lebenswünsche und -brüche. Verbunden durch ein Kontinuum, nämlich den See und den zu allen Zeiten dort arbeitenden Gärtner, sind die einzelnen Kapitel einzelnen Personen gewidmet: Dem ursprünglichen Besitzer des Grundstücks mit seinen vier Töchtern, dem Käufer des Grundstücks und Architekten des Hauses, seiner Frau, dem jüdischen Besitzer des Nachbargrundstücks, dessen Eltern, Schwester und Nichte, einem bei Kriegsende einquartierten Rotarmisten, einer aus Moskau zurückgekehrten Schriftstellerin, ihrer Familie und ihren Gästen, und schließlich ihrer Enkelin. Es sind Geschichten von Anpassung und sozialem Aufstieg, politischer Verwirrung, Verfolgung und Ermordung, Emigration und Heimkehr, Flucht und Vertreibung, Hoffnung und Desillusionierung. Zusammengenommen spannen sie den historischen, sozialen und politischen Kosmos des deutschen 20. Jahrhunderts auf. Vereint sind all ihre Protagonisten neben ihrer Beziehung zum Gärtner in ihrem Blick über den zeitlos scheinenden See – und in ihrer trügerischen Hoffnung, hier für immer Heimat gefunden zu haben. Denn für jede und jeden von ihnen wird der idyllisch anmutende Ort zur Idylle mit Abgründen.

Astrid Köhler: Große Form – kleine Form. Gegen den Strich der Familiensaga.
In: Silke Horstkotte / Leonhard Herrmann (Hrsg.): Poetiken der Gegenwart.
Deutschsprachige Romane nach 2000. Berlin/Boston: de Gruyter, 2013. S. 233.

keit zugesteht, sollte zumindest kurz erwähnt werden. Über die skizzenhafte Geografie, die der spärlichen Textinformation abgetrotzt ist und zwangsläufig Fragment bleiben muss, sollen schließlich die Handlungen und Gedanken der Figuren verständnisfördernd verortet und zeitlich situiert werden.

Zum Chronotopos: Der Begriff wurde vom russischen Literaturtheoretiker Michael M. Bachtin geprägt, der damit den untrennbaren wechselseitigen Zusammenhang von Raum und Zeit (griech. *chrónos* ›Zeit‹ und *tópos* ›Raum‹) bezeichnet und als grundlegendes Phänomen des Erzählens in den Blick nimmt. Die Zeit wird durch Veränderung im Raum sichtbar, der Raum wird durch die Zeit mit Sinn gefüllt. Beides ist untrennbar miteinander verbunden. Alles erzählte Geschehen ist nicht nur individuell, sondern in einen historisch-geografischen Zusammenhang eingebettet. In Bezug auf *Heimsuchung* bedeutet das: Die vielfältigen Haus-Zeit-Bezüge werden sichtbar in der Handlungsentwicklung, durch wechselnde Figurenkonstellationen, historische Veränderungen, besondere Erlebnisse der Figuren, Erinnerungsprojektionen auf das Haus und die Landschaft. Das »Haus am See« im Verlauf des 20. Jahrhunderts ist das Organisationszentrum des Romans.

VORLAGE 3c

Lageskizze des Hauses am See

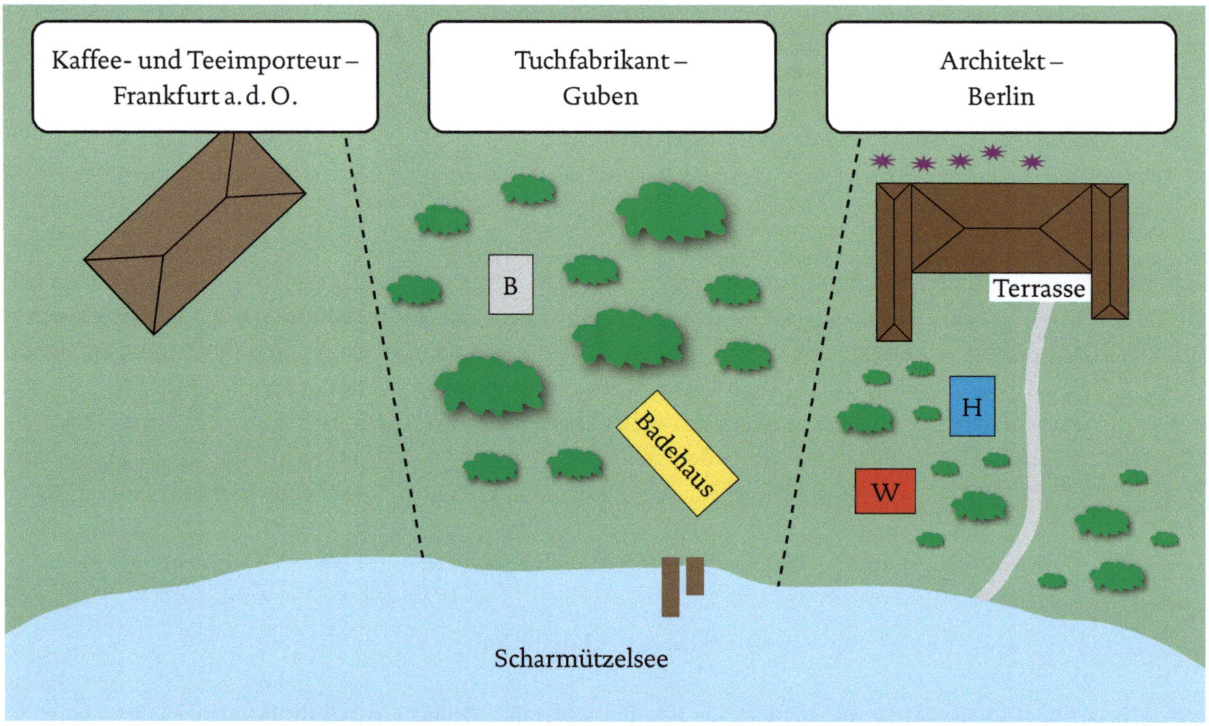

H = Holzschuppen **W** = Werkstatt **B** = Bienenhaus und Schleuderraum

3.3 Erarbeitung: Figurenblicke auf das Haus, Figurenerlebnisse im, um das Haus

GA / UG

ARBEITSBLATT 3

➤ S. 34

Unterrichtsschritt. Die Schülerinnen und Schüler gehen in fünf Gruppen zusammen und suchen arbeitsteilig in je einem der Figurenkapitel 2, 4, 6, 7, 10 gezielt Informationen über das Haus. Die Ergebnisse werden auf dem ARBEITSBLATT 3 ***Der Protagonist: das Haus am See*** zusammengestellt.

Erläuterungen. Im Fokus stehen Hausdetails, die Einschätzung des Hauses durch die Figuren und Ereignisse, die mit dem Haus und anderen Räumlichkeiten auf dem Grundstück in Verbindung stehen. Auch werden Veränderungen des Grundstücks (Vergrößerungen und Verkleinerungen) berücksichtigt und zeitlich verortet.

3.4 Sicherung: Vervollständigung des Arbeitsblatts – Verdeutlichung des Chronotopos »Haus am See«

EA / UG

Unterrichtsschritt. Die Arbeitsgruppen stellen ihre Ergebnisse anhand von ARBEITSBLATT 3 vor und verorten sie räumlich und zeitlich anhand der geografischen Skizze (VORLAGE 3c). Das zeitlich bedingte Kommen und Gehen der Grundstücksbesitzer wird ebenso verbalisiert wie die Verwandlung des Ortes durch Ereignisse, die sich in ihn einschreiben bzw. ihn mit Schichten überlagern. Eine gemeinsame Sammlung der Ergebnisse (s. Lösungshinweise) schließt die Phase ab.

ARBEITSBLATT 3
➤ S. 34
Lösungshinweise
➤ S. 95
VORLAGE 3c
➤ S. 32

3.5 Vertiefung: Anschlusshandlung – Chronik oder Figurenrückblick

LV / EA

Unterrichtsschritt. Nach einem kurzen Resümee durch die Lehrkraft zum Chronotopos »Haus am See« werden die Schüler zu einer anderen Darstellung dieses räumlichen Protagonisten aufgefordert. »Wie kam nun das Haus in unterschiedliche Hände? Was denken diese Figuren eventuell im Rückblick über ihre Zeit im Haus?« Die Lehrkraft beauftragt die Schüler zu einer schriftlichen »Chronik des Hauses« oder einem Rückblick auf das Haus aus der Perspektive einer Figur. Dabei kann zur historischen Orientierung im Internet recherchiert und natürlich das Buch zu Rate gezogen werden.

Internetzugang

Erläuterungen. Die so anvisierte Erweiterung der Hausbetrachtung infolge einer Chronik auch des ›deutschen 20. Jahrhunderts‹ (z. B. in Form eines Zeitstrahls, einer Mind-Map oder in Form eines historischen Beschreibungstextes) und einer Transformation über Erinnerungen einer Figur festigt einerseits die erfahrenen Inhalte der Stunde und vertieft andererseits ein wesentliches Bezugsfeld des Romans, weil Fragen von Heimat oder Nicht-Heimat über den historischen Kontext und die Figuren durchgängig reflektiert werden. Da auf diese Weise sowohl das historische Bezugsfeld als auch die Erinnerungsstruktur des Romans angesprochen werden, sind die Aufgaben eine sinnvolle Ergänzung des Gelernten und sensibilisierende Vorbereitung auf Kommendes.

Hausaufgabe

Vervollständigung des Schreibauftrags aus Unterrichtsschritt 3.5.

ARBEITSBLATT 3

Der Protagonist: das Haus am See

Verborgenes

______

______

______

______

______

______

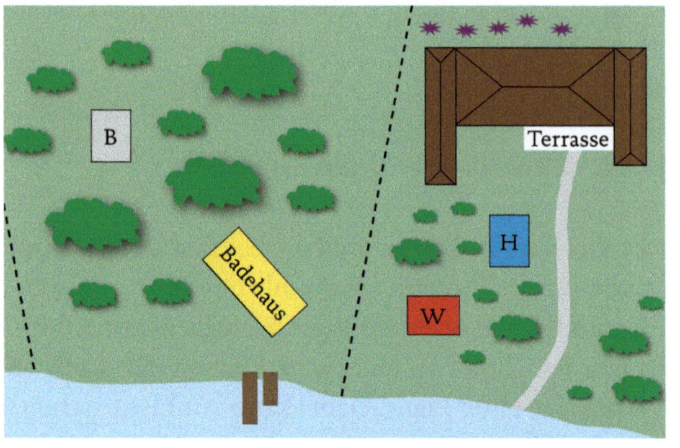

Zusätzliche Räume

______

______

______

______

______

______

Verspieltes

______

______

______

______

______

Gerüche, Geräusche, Leben

______

______

______

______

______

Figur / Zeit	Ereignisse	Beurteilung Haus / Landschaft
Architekt / 1951 (Kapitel 2)		
Frau des Architekten / 1951 ff. (Kapitel 4)		
Rotarmist / 1945 (Kapitel 6)		
Schriftstellerin / 1973 (Kapitel 7)		
Kinderfreund / nach 2001 – heute (Kapitel 10)		

Arbeitsauftrag:
Suchen Sie in Ihrem Kapitel (wichtige) Details der Einrichtung, Ereignisse in diesen Räumen und Beurteilungen der Figuren zu Haus und Raum.

4 *Für immer aneinander fest* – Das Verhältnis von Fakten und Fiktion im Roman diskutieren (Kapitel 11)

Sachanalyse

Im Schlusskapitel wird der räumliche Schlüssel des Romans besonders deutlich: Einige Jahre nach 2001[1] besucht die Enkeltochter der Schriftstellerin – inzwischen vorübergehende Besitzerin des Grundstückes – noch einmal das Haus, das infolge des juristischen Restitutionsstreites mit den Erben der Frau des Architekten seit Jahren nicht betreten wurde und in einem verwahrlosten Zustand ist. Die »unberechtigte Eigenbesitzerin« läuft durch alle Räume, betrachtet die Details der Hausausstattung, erinnert sich an Kindheit und Familienmitglieder, holt ausrangierte Gegenstände aus dem Badehaus in das Haus zurück und beginnt mit Seewasser die Räume ausgiebig zu reinigen. Mehrere Tage bleibt sie vor Ort und übernachtet im verborgenen Schrank. Dort hört sie auch unbemerkt einer Maklerin zu, die einige Kaufinteressenten durch das Haus führt. Nach mehrtägiger Putzarbeit schließt sie alle Türen, verlässt das Grundstück und nimmt den Schlüssel mit.

Erpenbeck beginnt, setzt zwischendurch fort und beendet das Kapitel in Juristendeutsch, dessen zunehmende Verballhornung infolge syntaktischer Fragmentierung zu einer bedeutsamen Kombination am Ende führt: »Den Überschuß zu meinen Händen auszukehren. Wir beantragen zu erkennen« (R 180 | P 185) – was man auch als Leseraufforderung zur erkennenden Mitarbeit lesen kann und auf den ganzen Roman anwenden sollte. Seltener als in Kapitel 1 und auch noch launig verfremdet wirkt also erneut das kommentierende Montageprinzip mit nicht-erzählenden Textsorten. Hinzukommen hier nun aber auch andere literarische Techniken der Andeutung und Wiederkehr.

Die für Erpenbecks Schreiben so bezeichnende Kombination aus Wiederholung und Variation ist im Kapitel ebenso zu finden wie manche elliptische Reduktion. Beides ist aber im Vergleich zu den Vorgängerkapiteln weniger irritierend, da der Roman an sein Ende gelangt und der Leser die Verweise und Staffelungen demnach zu deuten weiß. Gleichwohl bleibt die Aktivierung der Lesenden, die eben mitgestalten und Schichten der Erzählung abzutragen haben, auch hier bestehen.

So sollte die inhaltliche wie auch sprachliche Parallelisierung mit Kapitel 2 (»Der Architekt«) nicht übersehen werden. Die Hausrundgänge von Architekt und Eigenbesitzerin sind identisch gestaltet. Trotz Verwahrlosung und fünfzigjähriger Distanz ist vieles »wie früher« (R 168 | P 174), gehen die Blicke der »schließenden« Enkelin über dieselben Gegenstände wie die des »abschließenden« Architekten, finden sich sogar ähnliche Bezeichnungen und wird letztlich doch ganz Unterschiedliches gesehen. Nimmt nämlich der empathielose und trickreiche Architekt nur die Schönheit seiner Schöpfung wahr und vergräbt noch schnell einige Kostbarkeiten im Garten, falls er irgendwann zurückkehren sollte, so ist der Besuch der Eigenbesitzerin von Anfang an als »letztes Mal« deklariert. Nicht die Schönheit der Behausung versucht sie wiederherzustellen, sondern ihre Erinnerung daran in einer letzten Anordnung abzulegen: Ihr Abschied ist endgültig.

Der tagelang dauernde, rituelle Akt der Reinigung des Hauses wird als eine »Leichenwaschung«[2] und »Totenwache«[3], das Haus demnach »als toter Körper«[4] interpretiert, dem die Eigenbesitzerin mit gebührendem Respekt begegne. Der Schluss liegt nahe, denn die Erinnerungen an die tote Großmutter »mit einem indianischen Gesicht« sowie das »Fegen [...] als eine heilige Handlung« (R 179 | P 184) machen eine Übertragung auf das Haus möglich. Der Verlust des Hauses wäre somit ein Grund für Trauer über eine verlorene Kindheit, schöne, mit dem Haus verbundene Erinnerungen an Ereignisse und Personen. Gleichwohl will die Eigenbesitzerin, dass das Haus auf ihren Befehl hin fortschwebt, wenn sie auch nicht weiß »wohin« (R 176 | P 181 f.). Auch stellt sie fest, dass sich ihre »sehr

1 Die zeitliche Einordnung ist nur über Ecken zu finden und bleibt auch dann noch im Ungefähren. Wenn die Enkelin ihren Kinderfreund beim Fixieren der Folie auf dem Dach des Badehauses beobachtet (R 173 | P 179), wird auf das Vorgängerkapitel Bezug genommen. »Der Kinderfreund« berichtet dort, während er die provisorische Arbeit durchführt, von »dem Brand des Schmeling-Hauses« (R 163 | P 169), was man mit dem 14. 8. 2001 exakt datieren kann. Einige Jahre kommen wohl noch hinzu – eine Terminierung um das Jahr der Publikation (2007/08) ist durchaus möglich, weshalb die unklaren Zeitverhältnisse auch mit »heute« umschrieben werden können.

2 Inga Probst, »Auf märkischem Sand gebaut. Jenny Erpenbecks *Heimsuchung* zwischen verorteter und verkörperter Erinnerung«, in: Ilse Nagelschmidt [u. a.] (Hrsg.), *Geschlechtergedächtnisse. Gender-Konstellationen und Erinnerungsmuster in Literatur und Film der Gegenwart*, Berlin 2010, S. 78.

3 Ebd., S. 79.

4 Kathrin Schuchmann, »›Die Zeit scheint ihr zur Verfügung zu stehen wie ein Haus‹. Heimat und Erinnerung in Jenny Erpenbecks Heimsuchung«, in: *Zagreber Germanistische Beiträge* 22 (2013), S. 62.

schöne Kindheit« als »sehr schönes Gefängnis« erwiesen habe, »das sie für immer einschließen würde« (R 177 | P 183). Jenny Erpenbeck platziert auch hier wohlgesetzte Störungen, deutet an und löst nicht auf. So sieht die Enkeltochter ihren Kinderfreund am Badehaus kontaktscheu nur aus der Ferne (R 173 | P 179) und fühlt sich durch Ort und Zeit »wie mit Schlingen« und »für immer« an ihn festgebunden (R 177 | P 183).[5] Möglicherweise ist das Schließen dieser Heimat für sie teilweise auch eine Erleichterung.

Somit scheint ein didaktischer Erstzugang zum Haus als räumlich-zeitlicher Fluchtpunkt des Romans gerade über das Schlusskapitel sinnvoll. All die Objekte und Räumlichkeiten werden noch einmal betrachtet, die Figuren zurückgerufen, die Geografie der unterschiedlichsten Heimatwünsche durchschritten, deren Scheitern im Verfall des Hauses auch symbolisch gelesen werden kann. Denn der Leser weiß ja mehr als die »unberechtigte Eigenbesitzerin«, kennt die Erstbesitzer des Badehauses und ihr Schicksal, weiß um die Vergewaltigung im versteckten Wandschrank, erinnert sich an Zweifel und Unterlassungen der Schriftstellerin, an die Verunsicherungen der Unterpächter und wundert sich vielleicht ein wenig über den von der Eigenbesitzerin auffällig ignorierten Holzschuppen. »Erkennenwollen ist das Movens der Erpenbeckschen Poetik.«[6]

5 Der Bezug zur gemeinsam beobachteten Vergewaltigung im Holzschuppen (R 156–159 | P 162–165) scheint schrittweise eine Störung »aus gemeinsamer Gier und Scham« (R 159 | P 165) über den Ort und die Freundschaft gelegt zu haben. Bei den mehrfachen Gängen der Eigenbesitzerin durch den Garten jedenfalls findet der Holzschuppen, obwohl sie den Schlüssel dazu hat (R 166 f. | P 173), keine Erwähnung.

6 Franziska Meyer, »Sommerhaus, früher: Jenny Erpenbecks *Heimsuchung* als Korrektur von Familienerinnerungen«, in: *Gegenwartsliteratur. Ein germanistisches Jahrbuch* 11 (2012), S. 326.

Unterrichtsverlauf

Überblick. Die Schülerinnen und Schüler diskutieren den Fiktionalitätsgrad des autobiografischen Inhalts und erweitern dadurch ihr Fiktionsbewusstsein beim Umgang mit der Lektüre. Ein wichtiges Gestaltungselement ist dabei Erpenbecks vernetztes Vorgehen bzw. die Korrespondenz der einzelnen Kapitel miteinander, was am Beispiel des letzten Kapitels erarbeitet wird.

Phase	Thema	Sozialform	Kompetenzen/Lernziele	Materialien
Voraussetzungen: Textkenntnis des Romans				
4.1	Einstieg: Autobiografischer Zugang und fiktionale Ausweitung des Romans – das existierende Haus	UG / LV	• Faktuale und fiktionale Bezüge des Romans benennen und den Aussagen der Autorin entnehmen	VORLAGE 4a ➤ S. 37 VORLAGE 4b ➤ S. 38 f.
4.2	Textarbeit 1: Beispielhafte Verdeutlichung von kapitelübergreifender Wiederholung und Variation	PA / UG	• Parallelen und Differenzen eines identischen Handlungsbereichs in zwei Kapiteln wahrnehmen und bezeichnen • Mit Wiederholung und Variation ein wichtiges Stilprinzip Erpenbecks kennenlernen	TAFELBILD 4 ➤ S. 40
4.3	Erarbeitung: Das letzte Kapitel als Übersicht und sammelndes Fazit	GA	• Vernetzungsbezüge (Figuren, Räume) zwischen den Kapiteln sprachlich und inhaltlich untersuchen	VORLAGE 4b ➤ S. 38 f. ARBEITSBLATT 4 ➤ S. 42
4.4	Sicherung: Präsentation und Sammlung der Bezüge	SV / UG	• Bedingungen und Zusammenhänge der Figuren- und Raumerwähnung verdeutlichen und diskutieren	VORLAGE 4b ➤ S. 38 f. ARBEITSBLATT 4 ➤ S. 42
4.5*	Vertiefung / Textarbeit 2: Erschließen metaphorischer Rede über Ort und Zeit	EA / UG	• Metaphorische Ausdrucksweise verstehen und Bedeutungsmöglichkeiten diskutieren	VORLAGE 4c ➤ S. 41

Hinweis. Bei Interesse an den historischen Restitutionsgepflogenheiten der Nachwendezeit kann zum besseren Verständnis der Schülerinnen und Schüler eine kurze Orientierung über die Abläufe gegeben werden. Die wichtigsten Stichworte dazu: Enteignung in der DDR, Verfahren zur Regelung der offenen Vermögensfragen (1990), Vermögensgesetz (Volkskammer; 29.9.1990), Prinzip »Rückgabe vor Entschädigung«.

4.1 Einstieg: Autobiografischer Zugang und fiktionale Ausweitung des Romans – das existierende Haus

Unterrichtsschritt. Die Lehrkraft beginnt mit einem Lektüreplausch zum letzten Kapitel (11) und leitet sanft in Richtung Fakt und Fiktion über. »Gibt es dieses Haus?« Begleitet von Informationen zu Erpenbecks Großmutter werden dann die Fotografien des Hauses vorgelegt (VORLAGE 4a *Das Haus am See*) und unter folgenden Fragen diskutiert. »Ist das denn nun ein Roman oder ein Sachtext? Woran erkennt man dies?« Nach Einschätzungen der Lerngruppe werden Erpenbecks Erläuterungen (VORLAGE 4b ***Jenny Erpenbeck über Fakten und Fiktion***) aufgelegt und in Bezug auf Faktuales und Fiktionales untersucht.

UG / LV

VORLAGE 4a ➤ S. 37

VORLAGE 4b ➤ S. 38 f.

Erläuterungen. Am deutlichsten wird die fiktionale Gestaltungsfreiheit der Autorin sicherlich durch den Abriss des Hauses im Epilog (R 181–183 | P 186–188), während an der empirischen Hausexistenz ja nichts zu deuteln ist. Erpenbeck selbst verweist in den Interviews auf den »literarischen Text«, das »Eigenleben eines Textes« und ihre Vernetzungskomposition zu einem »Gebilde« und »Körper«. Damit umschreibt sie poetische Freiheiten in der Komposition oder vernetzten Sinnstiftung mit dem Ergebnis der Kommentierung und Beugung von Tatsachen durch Auswahl und Ausbau. Realität wird demnach zwar genutzt, aber intentional verdichtet und in Bezug auf die Figuren typisierend zugespitzt.

VORLAGE 4a

Das Haus am See

Haus der Schriftstellerin Hedda Zinner. Postkarte aus der DDR (um 1978)

Haus am Uferweg in Diensdorf-Radlow (2008). – Foto: IMAGO / Eventpress

VORLAGE 4b

Jenny Erpenbeck über Fakten und Fiktion

In welcher Weise sind Sie denn persönlich ›heimgesucht‹ worden?

Erpenbeck: Ich gebe zu, dass es ein solches Haus in Wirklichkeit gegeben hat. Dass wir es in Wirklichkeit durch die Restitution an den Alteigentümer verloren haben und dass ich heimgesucht worden bin, insofern, als ich über Monate oder sogar Jahre hinweg von dem Haus geträumt habe. Ich habe es nur schwer ausgehalten, dass dieses Haus über die ganze Zeit der Entscheidungsfindung des Amtes leer stand. Es war sehr schmerzlich zu sehen, in welchem Zustand es war und dass ein Ort, auf den Menschen früher so viel Mühe verwendet haben und in dem viel Leben stattgefunden hat, plötzlich so verlassen ist.

Jenny Erpenbeck: Man kann sich sein Verhältnis zur Vergangenheit nicht aussuchen. Planet Interview (1.9.2008). www.planet-interview.de/interviews/jenny-erpenbeck/34662 (Stand: 15.11.2023).

Wie sind Sie überhaupt auf die Idee gekommen, ein Buch um ein Haus und um einen See herum zu gruppieren? Was war der Anlass?

J.E.: Der Anlass war tatsächlich, wie das ja immer vom Publikum gewünscht wird, muss ich leider zugeben, autobiographischer Natur, weil meine Großeltern dieses Haus 40 Jahre lang hatten, also offiziell sogar 50, also mein Vater dann, und wir das Haus durch die Rückgabe an die Erben des Erbauers des Hauses verloren haben. Also lange Zeit habe ich – auch als das Haus leer stand und die Sache noch nicht entschieden war – eben sehr darunter gelitten, dass das Haus so leer steht und im Niemandsland ist. Und dann habe ich ganz viel davon geträumt und irgendwann habe ich gedacht, na ja, jetzt mache ich einmal was, was ich sonst normalerweise nicht mache, und hole sozusagen das, was in meinen Träumen offenbar immer wieder kommt, nach oben und erkläre es zur Arbeit. Das war wirklich auch gut, weil ich wollte nicht nur das Buch schreiben, ich wollte die Dinge auch wirklich wissen. Deswegen habe ich angefangen, mich mit den Leuten zu beschäftigen, die in dem Haus waren, und ich war auch erleichtert, dass meine Geschichte mit dem Haus, also der große Verlust dieses Hauses für mich eigentlich so eine Sache ist, die sich im Laufe der letzten 100 Jahre sehr oft wiederholt hat. Das hat sich dann irgendwie dadurch so ein bisschen relativiert.

Jenny Erpenbeck / Jan Bürger: Gespräch über die Entstehung des Romans. In: Lesung – Geschichten aus einem Haus (28.5.2008), Deutsches Literaturarchiv Marbach. www.dichterlesen.net/veranstaltungen/detail/geschichten-aus-einem-haus-2053 (Stand: 23.11.2023; Transkription, Originalwortlaut behutsam angepasst).

Frau Erpenbeck, Sie erzählen die Geschichte eines Hauses am Scharmützelsee, das nach dem Zweiten Weltkrieg von einem Schriftstellerehepaar gekauft wird. Sie erwähnen nicht, dass es sich dabei um Ihre Großeltern Hedda Zinner und Fritz Erpenbeck handelt. Warum?

Jenny Erpenbeck: Weil es sich nicht um meine Großeltern handelt, sondern um Figuren in einem literarischen Text.

Die Namen der Akteure werden in ihrem Buch verschwiegen oder verfremdet. Man muss den Text enträtseln. Spielten Rücksichten auf die Familie eine Rolle?

Erpenbeck: Ich verschweige nichts, ich schreibe. Und der Leser muss einen Text auch nicht enträtseln, der Autor selbst ist doch uninteressant. Erfahrungen sind autobiographisch, viel mehr als dieses oder jenes konkrete Material. Sie sind der Kern, den ich mit dem Leser teile, und von da aus soll der Text dann sein Eigenleben entfalten.

Ariane Mohl: Fragile Idylle. Interview: Jenny Erpenbeck über ihren Roman, das Schreiben von Gedichten und die große Politik. In: Märkische Allgemeine Zeitung, 10.3.2008, S. KULTUR 1.

Es gibt [also] einen autobiographischen Impuls und dann kommt irgendwann ein Punkt, wo sich das davon ablöst und zu schweben anfängt und die Geschichten sich verselbständigen. Wie ist das vonstattengegangen?

J.E.: Bei diesem Buch war es so, dass ich mich relativ bald entschieden habe, die Geschichten zu trennen. […] Und die Geschichten, für die ich am meisten wissen muss, schreibe ich zuletzt. Die letzten waren: das jüdische Mädchen, die Emigrantin und meine eigene. Meine eigene war […] die Geschichte, für die ich erstmal

VORLAGE 4b (Fortsetzung)

das ganze Buch geschrieben haben wollte, bevor ich dann so ein Fazit mache. Dann habe ich […] angeordnet, und zwar in der Chronologie der Figuren. […] Die Geschichten umfassen [aber] verschiedene Zeiträume, also manche Geschichten gehen über 30 Jahre und manche beschreiben so mehr oder weniger einen Nachmittag und dadurch kommen so Verschränkungen oder es kommt ein Moment in mehreren Geschichten vor und wird von verschiedenen Sichten her beschrieben. Dadurch kommt diese Verwirrung. […] Und die Geschichten sind ja auch zum Teil dazu gedacht, sich gegenseitig zu kommentieren und nochmal anders zu erzählen von der Wahrnehmung. Die stehen ja nicht wirklich für sich allein, sondern die machen ja so ein Gebilde, so einen Körper.

Jenny Erpenbeck / Jan Bürger: Gespräch über die Entstehung des Romans. [Siehe oben.]

4.2 Textarbeit 1: Beispielhafte Verdeutlichung von kapitelübergreifender Wiederholung und Variation

PA / UG

Unterrichtsschritt. Die Bezüge des »Gebildes« werden an den Beispielen der Abschiedsgänge von Architekt (Kapitel 2) und Eigenbesitzerin (Kapitel 11) verdeutlicht. Dabei untersuchen die Schüler und Schülerinnen in Partnerlektüre die Kapitel 2 und 11 auf Wiederholungen und Varianz. Ein Unterrichtsgespräch zu den Ergebnissen wird anschließend in das TAFELBILD 4 überführt, welches das literarische Verfahren veranschaulicht.

TAFELBILD 4 ➤ S. 40

Erläuterungen. In den Hausrundgängen der Figuren werden identische Details des Hauses mehr und mehr entzaubert. Das ist zum einen eine Folge der Verwahrlosung des Hauses aufgrund der Rechtsstreitigkeiten – und der dem Leser inzwischen bekannten geschichtlich bedingten Katastrophen in der Landschaft –, zum anderen wird dies aber auch durch die unterschiedlichen Ziele der Abschied nehmenden Figuren deutlich. Ist der Architekt von seiner ganzen Anlage her auf Bewahrung und Angriff angelegt, weshalb er eine Wiederkehr nicht ausschließt, so nimmt die Eigenbesitzerin dauerhaft Abschied und verfrachtet ihr »schönes Gefängnis« nach innen. Die Säuberung ist mehrtägig und das Fegen wird im Text selbst als »heilige Handlung« bezeichnet.

Zusammenfassend kann festgehalten werden, dass das Haus für den Architekten und die Eigenbesitzerin »Heimat« bedeutet, vom Architekten allerdings mit einer Zukunftsperspektive als »etwas Lebendiges« (R 39 | P 42) wahrgenommen wird, von der Eigenbesitzerin als etwas endgültig zu Verabschiedendes, gleichsam »im Sterben« (R 178 | P 184) Liegendes.

4.3 Erarbeitung: Das letzte Kapitel als Übersicht und sammelndes Fazit

GA

Unterrichtsschritt. Das von Erpenbeck bezeichnete »Fazit« des letzten Kapitels (VORLAGE 4b) wird erneut vorgelegt und mit der Lerngruppe diskutiert. Sodann teilt die Lehrkraft das Arbeitsblatt mit Bezugshinweisen (ARBEITSBLATT 4 ***Ein (Haus-)Fazit: Die unberechtigte Eigenbesitzerin***) aus und sieben Arbeitsgruppen für die verschiedenen Lektüreaufgaben (für jede Figur) ein. Die Schüler lesen die Seiten und verdeutlichen die angestoßenen Schichten der Korrespondenz.

VORLAGE 4b ➤ S. 38 f.
ARBEITSBLATT 4 ➤ S. 42

4.4 Sicherung: Präsentation und Sammlung der Bezüge

SV / UG

Unterrichtsschritt. Die Schüler stellen die Ergebnisse ihrer Erarbeitung von ARBEITSBLATT 4 zu den verschiedenen Figuren mündlich vor, diskutieren, inwiefern das Schlusskapitel das von Erpenbeck so bezeichnete gesamte »Gebilde«, den »Körper« (VORLAGE 4b) noch einmal zusammenfassend repräsentiert, erläutern seinen Verweischarakter und entscheiden abschließend über die Richtung des Resümees bzw. ziehen eigene Schlüsse aus dem Fazit Erpenbecks.

VORLAGE 4b ➤ S. 38 f.
ARBEITSBLATT 4 ➤ S. 42

Erläuterungen. Erpenbecks im Zuge der Wiedervereinigung verlorenes ›Paradies‹, das sie in Träumen heimgesucht hat, ist der Auslöser für einen bittersüßen Vanitasroman. Verlässliche Heimathoffnungen sind im Umfeld unzuverlässiger Zeitläufte nicht zu haben, auch ein Ort und die dort lebenden Menschen bleiben von Zeiten,

TAFELBILD 4

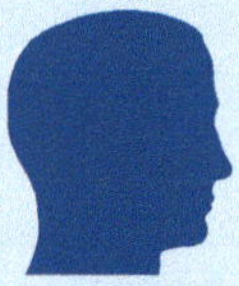

Architekt

›Eigenbesitzerin‹

1951 (Kapitel 2)		Nach 2001 – heute (Kapitel 11)
Einmal noch		Zum letzten Mal
	Treppe knarrt	
	Pfefferminz und Kampfer	
	Fensterläden mit verborgenem Mechanismus schließen	
	Milchglasscheiben klirren …	
	Mannesmann Luftschutz	
	Kiefern – Sonne – schöner Tag	
Deutsche Wertarbeit	Zeiß Ikon	abgegriffen
Zum Fischen	Schlüssel zur Werkstatt mit Blinker	Wie früher
Ofen		Kein Ofen
Messingklinke / Seufzen / Garten Eden		Keine Messingklinke / kein Seufzen / kein Garten Eden
Mit Kissen	Stühle	Kissen verschimmelt
Fliegender Teppich statt Stück Land		Fortschwebendes Land
Abschließen		Schließen
Für alle Fälle	Schlüssel einstecken	Luft aufschließen
Planen / nach außen	**HEIMAT**	Verlieren / nach innen

Hoffnung auf Wiederkehr *Lebendiges* *Gestorbenes* **Zeremonieller Abschied**

Ideologien, Leichtsinn, Verrat, Gewalt und Verbrechen nicht verschont, lernen zwischendurch aber auch Schönes, Heiteres, Unbeschwertes kennen. Was also bleibt, sind Erinnerungen an das gelebte Leben, die man im Guten wie im Schlechten konservieren und nach innen verlagern sollte. Noch einmal bringt Erpenbeck im Schlusskapitel beinahe alle Figuren und Ereignisräume zusammen, lässt sie, die Spuren hinterlassen haben, teilnehmen an diesem zeremoniellen Finale eines Hauses, dessen Existenz natürlich jenseits aller Faktenursprünge im Literarischen liegt: in den Lüften, fortschwebend, mit eigenem Schlüssel.

4.5* Vertiefung / Textarbeit 2: Erschließen metaphorischer Rede über Ort und Zeit

EA / UG

VORLAGE 4c
➤ S. 41

Unterrichtsschritt. Die Lehrkraft legt die beiden Kurzauszüge der VORLAGE 4c ***Metaphorische Rede von Ort und Zeit*** auf, klärt die Struktur und ein erstes Verständnis der gegenläufigen und oxymoronartigen Metaphern (sich erhebendes, schwebendes Haus bzw. festbindende Zeit) und gibt den Auftrag, die poetischen Bilder mit Inhalt zu füllen und dadurch zu erläutern. Nach schriftlicher Bearbeitung (eventuell mit einer veranschaulichenden Zeichnung) werden einige Reflexionen präsentiert und diskutiert.

Erläuterungen. Die beiden Metaphern beschreiben entgegengesetzte Bewegungen: Das »Haus« entledigt sich aller Bindungen und ist bereit »fortzuschweben«, während die »Zeit« ›festbindet‹. Man könnte (auch mit Bezug auf den vielfältig angereicherten Chronotopos des Romans) von einer oxymoronartigen Tauschbeziehung sprechen, ist doch das »Haus« eigentlich Inbegriff von Immobilität und die »Zeit« von Flüchtigkeit und Vergehen. Somit sind die Metaphern strukturell in sich widersprüchlich (oder: partnerschaftlich), d.h. mehrdeutig verweisend, wodurch sie sich gewissermaßen gegenseitig aufheben (oder eben: ergänzen).

Die Funktion dieser Metaphern lässt sich ermitteln, indem der Blick auf ihre Erweiterungen gelenkt wird: Sie sind offen für manche Zuschreibung. Das »leere Haus« (räumliche Ausstattung, Schuld, Unschuld, Dreck, Geschichte, Menschen, Erinnerungen, Erlebnisse?), »es« (das leere Haus, ihr Befehl, die Vergangenheit, die Handlung, der Wunsch selbst?), »nicht viel Gewicht haben« (das Haus, ihr Befehl / Wunsch, die Geschichte, Vergangenheit des Ortes, Redewendung = ohne Bedeutung sein?), »würde«/»könnte«: Dies alles bleibt recht vage im Irrealen, der Schwebewunsch indes nicht (und die Erinnerung an die ›Umbettung‹ des Badehauses ist wohl kein Zufall). »Die Zeit« wiederum bindet »den Ort« »mit Schlingen« an der Erde fest, sich selbst und die Eigenbesitzerin an die Erde sowie Letztere auch noch an den Kinderfreund. Sie bindet nur, aber »mit Schlingen«. Beide Metaphern verweisen auf den Heimatort der Kindheit, letztlich die Kindheit selbst, die verloren ist und doch bleibt: schwebend, mit Schlingen in der Erinnerung verankert. Ob dies alles ›nur‹ gut ist, sollten Leser und Leserin jeweils selbst entscheiden.

VORLAGE 4c

Metaphorische Rede von Ort und Zeit

Das Haus ist jetzt so leer, daß es nicht viel Gewicht haben würde, wenn sie ihm befehlen könnte, sich in die Lüfte zu erheben und fortzuschweben. [...] Jetzt wüßte sie nur nicht, wohin schweben.

Heimsuchung, R 175 f. | P 181 f.

Wie mit Schlingen band die Zeit den Ort dort fest, wo er war, band die Erde an sich selbst fest, und band sie an dieser Erde fest, band sie und den Kinderfreund [...] für immer aneinander fest.

Heimsuchung, R 177 | P 183

ARBEITSBLATT 4

Ein (Haus-)Fazit: Die unberechtigte Eigenbesitzerin

»Und jetzt will sie noch einmal ins Haus gehen. Mit dem Schlüssel, der noch immer an ihrem Schlüsselbund hängt, mit dem sich alle Türen des Hauses und auch die des **Holzschuppens** öffnen und schließen lassen, mit dem abgegriffenen Sicherheitsschlüssel, Zeiß Ikon, den sie von Rechts wegen vor zwei Tagen hätte abgeben müssen […].« [R 166 f. | P 173]

Kinderfreund R 153 f., 156–159 | P 160, 162–165

Architekt R 31–34 | P 35-37

»Die Glasscheiben der Tür klirren leise … brüchige Splitter roter und schwarzer Farbe […] bemalte Tür zur Besenkammer […] Garten Eden in zwölf quadratischen Kapiteln […] messingne Klinke niederdrücken […] kein metallenes Seufzen … bunt gewürfelte Fenster […] auf die Kiefern […] fällt das Sonnenlicht und zeigt an, daß es ein schöner Tag wird […] Läden im Erdgeschoß mit dem in der Wand verborgenen Mechanismus […] Stühle mit geschnitzten Initialen […] Milchglasscheiben der Tür klirren leise […] Knarren der Treppe bei der zweiten, der fünfzehnten und der vorletzten Stufe […] sie schließt nun auch die Tür zum Vögelchenzimmer […] dann tritt sie ins Freie und schließt zuletzt die Haustür ab […].« [R 167–179 | P 173–185]

Frau des Architekten R 63 | P 67

Unterpächter R 138 f., 149 | P 143 f., 153 f.

»Unaufgebaut steht der Steg deshalb auf der Fläche der **Werkstatt** […] vor einem halben Jahr hatte sie den Unterpächtern kündigen müssen […].« [R 172 | P 178]

Architekt R 38, 41 | P 41, 43 f.

»Der Architekt, sagt die Maklerin, war Mitglied der Gruppe Albert Speer, Germania Projekt […]« [R 174 | P 180]

Tuchfabrikant R 53 f., 48, 51 | P 56 f., 51, 54

Mädchen R 75 f., 78 | P 81, 83

»Der Schlüssel für das **Badehaus** hängt, wie früher, am Schlüsselbrett […] nachdem das betreffende Uferstück wieder der jüdischen Parzelle zugeschlagen wurde, zu der es wohl ursprünglich gehört hatte […] mit der einen Hand hält sie sich an der **Weide** fest […].« [R 168, 172 | P 174, 178]

Frau des Architekten R 68, 70 | P 71 f., 73 f.

Rotarmist R 93–96, 98 f. | P 98–-101, 103 f.

»Die schwere Tür des **verborgenen Schrankes** […] schläft noch im Schrank, wo sie auch ihre Vorräte aufbewahrt […] riecht, wie zu Lebzeiten ihrer Großmutter, noch immer nach Pfefferminz und Kampfer […] im Westen lebende Erben der Frau des Architekten […].« [R 169–173 | P 175–179]

Schriftstellerin R 107, 117 f. | P 112, 122 f.

»Jetzt denkt sie daran, wie ihre Großmutter damals das **Badehäuschen** versetzen ließ […] wo an den Fernsehabenden ihre Großmutter im bequemsten der Gartensessel saß […] noch während ihre Großmutter im Sterben lag […].« [R 170, 176, 178 | P 176, 181, 184]

Kinderfreund R 151–155, 162 f. | P 157–161, 167–169

»Ihr Kinderfreund, der ihr beim Ausräumen half […] Kinderfreund über die große Wiese nach unten geht […] ans Dach des **Badhauses** anzulegen […] band sie und den Kinderfreund […] für immer aneinander fest […].« [R 169, 173, 177 | P 175, 179, 183]

Arbeitsauftrag:
Erarbeiten Sie die in den Zitaten aus Kapitel 11 jeweils angestoßenen Verbindungsschichten in den zurückliegenden Kapiteln (Hinweise in den Randnotizen).

5 *Kommt man dann jemals an?* – Figuren als (Ge-)Schichtenträger begreifen

Sachanalyse

Ein Haus bzw. eine Landschaft als Schlüssel- und ›Hauptfigur‹ des Jahrhunderts benötigt verschiedene Repräsentanten von Zeitläuften, d.h. handelnde Akteure, die den Raum im Wandel der Zeiten berühren, verändern, neu bedeuten. Erpenbecks Episodenroman löst diese stetige Verwandlung des Ortes über die elf Hauptkapitel ein, in denen jeweils ein Übergangsprotagonist bei ungefähr gleicher Textlänge[1] charakterlich skizziert, in seiner Beziehung zur Umgebung verdeutlicht und historisch funktionalisiert wird.

So sind der Architekt (Kapitel 2) und seine Frau (Kapitel 4) Repräsentanten der Begünstigten des Dritten Reichs, die empathielos und ich-bezogen die Möglichkeiten dieser Epoche für ihr Leben zu nutzen wissen. Wird am Beispiel des Tuchfabrikanten und seiner Familie (Kapitel 3) sowie seiner Nichte (Kapitel 5) das Jahrhundertverbrechen der Shoah geschildert, können die Schrecknisse des Zweiten Weltkriegs am Beispiel des russischen Rotarmisten (Kapitel 6) und der in Masuren geborenen Besucherin (Kapitel 8) betrachtet werden, wobei das Wüten des einen indirekt zur dauerhaften Fremdheit der anderen führt. Ein weiteres Vertriebenenschicksal wird am Beispiel der Unterpächterin erwähnt (Kapitel 9), wenn auch dieses Kapitel eher die DDR fokussiert, die neben dem Unterpächter durch die Schriftstellerin (Kapitel 7) repräsentiert wird. Beide Figuren sind versehrt: der Unterpächter infolge seiner gescheiterten Republikflucht, die kommunistische Schriftstellerin durch die Jahre im russischen Exil zur Zeit der Stalin'schen Säuberungen. Über den Kinderfreund (Kapitel 10) werden schließlich Kindheitserinnerungen aus der DDR mit manchen Folgeerscheinungen der Wiedervereinigung in Beziehung gesetzt. Letzteres führt zur Enkeltochter der Schriftstellerin (Kapitel 11), die als »unberechtigte Eigenbesitzerin« das Haus vor der Übergabe an die Erben der Architektenfrau aufräumt, säubert und »schließt« (R 179 f. | P 184 f.).

Diese Figuren sind alle kurz- oder längerfristig in der Seelandschaft zu Besuch und sinnieren über verschiedene Vorstellungen von Heimat, deren Verwirklichung ohne Dauer ist und die oft bereits eine Verlustmeldung darstellen. Der Heimatkomplex des Romans entpuppt sich so von Anfang an als Wunschtraum der einzelnen Figuren; ihre umfangreich ausgestatteten Zukunftshoffnungen schlagen immer wieder fehl, Erinnerungen indes bleiben. Gerade diese »Opposition zwischen Erinnerung und Geschichte [prägt] auch die zeitliche Struktur des Romans«.[2]

Erpenbecks von der Geschichte tangierte Erinnerungsprosa verschiebt »den Fokus von der Linearität der Entwicklung hin zur Simultanität der Ereignisse«,[3] wodurch auf der Textebene eine entdeckungsreiche Raum-Zeit-Schichtung entsteht. Der Leser ist also durchgehend zur Aktivität verpflichtet. Denn trotz der episodischen Trennung der Figuren laufen immer wieder Motive, Erlebnisse und mitunter auch Formulierungen von einer Figur zur anderen über.[4] Auch ist der Bericht der Ereignisse durch Unterbrechungen, Zeitsprünge, Verzögerungen und Andeutungen gestaucht, so dass man dabei den Figuren nie wirklich nahekommt, da die Thematik, das eigene Wissen und eine sachlich-nüchterne Erzählerstimme dies konsequent unterbinden. Die Orientierung des Lesers ist also erschwert, und selbst das historische Beiwerk liegt nicht konsumentenfreundlich vor, sondern muss aus kleinsten Hinweisen erschlossen werden. Schichten abzutragen, Zusammenhänge zu erkennen, Brüche und Verluste direkt in der fortschreitenden Lektüre wahrzunehmen sind Ergebnisse dieser Heimsuchung, die Erpenbeck ihren Rezipienten nicht ersparen will.

Dagegen liegen mit den zwischen den Hauptkapiteln platzierten kurzen Passagen um die Figur des Gärtners eigentümliche Inseln der Ruhe und des Gleichmaßes vor. Die insgesamt elf Kapitel, die je-

1 Jenny Erpenbeck erwähnt im Gespräch mit Jan Bürger, dass sie sich die Aufgabe gestellt hätte, jedes Hauptkapitel auf zehn Seiten zu begrenzen, »wegen der historischen Gerechtigkeit und wegen des ›Versmaßes‹ und wegen solcher Sachen«. Jenny Erpenbeck / Jan Bürger, »Gespräch über die Entstehung des Romans«, in: *Geschichten aus einem Haus* [Lesung und Gespräch am 28.5.2008 im Deutschen Literaturarchiv Marbach)], www.dichterlesen.net/veranstaltungen/detail/geschichten-aus-einem-haus-2053 (Stand: 13.12.2023).

2 Simone Costagli: »Die kollektive Autobiographie. Familienerinnerungen in den Romanen von Julia Franck, Jenny Erpenbeck und Eugen Ruge«, in: *Modern Languages Open* 4 (2017), Nr. 2, S. 7 (doi.org/10.3828/mlo.v0i0.118).

3 Sonja Dickow, *Konfigurationen des (Zu-)Hauses. Diaspora-Narrative und Transnationalität in jüdischen Literaturen der Gegenwart*, Berlin 2019, S. 146.

4 Inga Probst spricht hierbei von einer »leitmotivischen Kette von Erinnerungsmanifestationen«. I. P., »Auf märkischen Sand gebaut. Jenny Erpenbecks *Heimsuchung* zwischen verorteter und verkörperter Erinnerung«, in: Ilse Nagelschmidt [u.a.] (Hrsg.), *Geschlechtergedächtnisse. Gender-Konstellationen und Erinnerungsmuster in Literatur und Film der Gegenwart*, Berlin 2010, S. 73.

weils zwischen die der anderen Figuren geschoben sind und in denen der Gärtner, der »[v]ielleicht [...] immer schon da [war]« (R 11 | P 13), seiner Gartenarbeit unter wechselnden Hausbesitzern nachgeht, den Bauern der Umgebung bei der Feldarbeit hilft, Bienen züchtet und im Grunde nie spricht, sind gänzlich anders gebaut. Sie scheinen einerseits als eine Art naturverbundene Ruhezone zwischen den verlust- und veränderungsreichen Hauptkapiteln zu fungieren. Gleichmäßig wird in ihnen linear fortschreitend erzählt, sind sie oft auf die reine Beschreibung der Tätigkeiten des Gärtners reduziert und verdeutlichen an seinem Beispiel eine natürliche Gelassenheit, die durch die Stürme der Geschichte nicht zu gefährden ist.[5] Andererseits ist der Gärtner eine merkwürdige Figur, die aus dem Nichts auftaucht, scheinbar nur mit Kindern spricht, völlig unreflektiert Präsenz beansprucht und letztlich, ähnlich wie die verrückte Klara des Großbauern, unter Hinterlassung von »Spuren [...] im Schnee« (R 164 | P 170) verschwindet.

Der deutlich als Gegenpol zu den restlichen Figuren markierte Gärtner fordert also zur Auslegung regelrecht heraus und hat denn auch einige Zuschreibungen erhalten.[6] Unabhängig davon aber wird über ihn deutlich, dass es eine andere Zeitwahrnehmung oder -regel durchaus gibt, man im Einklang mit der Natur leben, um deren Geheimnisse wissen und sich daran orientieren kann. Der Gärtner nutzt dieses Wissen über die Natur (über sich selbst?) zu ihrer (seiner?) Zähmung für den Menschen bei Einhaltung der Grundregeln, als wolle er den Figuren eine Geduldslektion erteilen, indem er ihrem wilden Treiben »Stillstand und Zeitlosigkeit« entgegensetzt.[7] Er scheint eine Art (mythischer?) Mittler zwischen Naturzeit und menschlicher Zeit zu sein. Einer, der über seine Kunst auf das Wesen allen Lebens verweist: die Endlichkeit, den Übergang und Wandel allen Seins. »Diese [...] außerhalb der Zeit stehende Figur [...] stellt dem historischen Ereignisverlauf ein zyklisches Geschichtsbild gegenüber.«[8] Als er in der DDR menschliche Schwächen offenbart (Mensch wird?) und mehr und mehr an Kraft verliert, übernimmt die Natur schrittweise wieder den menschlichen Kulturraum. Mit der Wiedervereinigung verlässt er überraschend – nicht ohne Spuren hinterlassen zu haben – die Gegend. Nach dem Ende aller Utopien und im nun kommenden »Zeitalter der Globalisierung«, so Katja Schubert, gebe es für seine Art der »mythischen Welterklärung« keinen Platz mehr.[9]

5 »Der schnellen Aufeinanderfolge der historischen Zäsuren des 20. Jahrhunderts [...] steht das langsame Wirken natürlicher Vorgänge gegenüber«; Carola Hähnel-Mesnard, *Zeiterfahrung und gesellschaftlicher Umbruch in Fiktionen der Post-DDR*, Göttingen 2022, S. 246.

6 Einige Gärtner-Konnotate: »Allegorie der DDR« (Katja Schubert, »Kein Zivilisationsbruch. Wahrscheinliche Geschichte. *Heimsuchung* (2007) und *Aller Tage Abend* (2012) von Jenny Erpenbeck«, in: Carola Hähnel-Mesnard / K. Sch. (Hrsg.), *Störfall? Auschwitz und die ostdeutsche Literatur nach 1989*, Berlin 2016, S. 99), »Personifizierung der Heimat« (Axel Goodbody, »Heimat als utopischer Raum der Intra-Aktion zwischen Mensch und Natur: Zur Figurendarstellung in Jenny Erpenbecks Roman *Heimsuchung*«, in: *Komparatistik online* 2 (2015), S. 98; www.komparatistik-online.de/index.php/komparatistik_online/article/view/165/125, Stand: 19. 1. 2024), »bridge between the vast expanse of cyclical patterns in natural time and the smaller cyclical patterns of human, domesticated time« (Gillian Pye, »Jenny Erpenbeck and the Life of Things«, in: Valerie Heffernan / G. P. [Hrsg.], *Transitions. Emerging Woman Writers in German-language Literature*, Amsterdam 2013, S. 121).

7 Hähnel-Mesnard (s. Anm. 5), S. 247.

8 Svenja Frank, »Jenny Erpenbeck. *Heimsuchung*«, in: *Kindler Kompakt: Deutsche Literatur der Gegenwart*, hrsg. von Christiane Freudenstein-Arnold, Stuttgart 2016, S. 147.

9 Schubert (s. Anm. 6), S. 100.

Unterrichtsverlauf

Überblick. Die Dramaturgie des Romans wird anhand der Figurenkapitel zeitlich und inhaltlich erarbeitet. Historische Kontexte, Figurenhaltungen und -handlungen werden miteinander in Beziehung gesetzt und über die Aufbaufunktion hinaus gedeutet. Am Beispiel des gegenläufig konzipierten Gärtners wird die Opposition des Romans aus Naturzeit und menschlich-geschichtlicher Zeit thematisiert und schließlich in einem produktionsorientierten Entwurf einer Folgehandlung vertieft. ! **Verkürzter Verlauf: 5.1 – 5.2 – 5.3 – 5.4 – 5.5**

Phase	Thema	Sozialform	Kompetenzen/Lernziele	Materialien
Voraussetzungen: Textkenntnis des Romans				
5.1	Einstieg: Figurenzuordnung über den Einstiegssatz und ein Leitmotiv	UG / LV	• Textbereiche zuordnen und erläutern • Zeitliche Organisation antizipieren • Stilelemente der Reduktion gattungsspezifisch diskutieren	VORLAGE 5 ➤ S. 47
5.2	Erarbeitung 1 / Textarbeit: Zeitliche und inhaltliche Organisation der Figurenkapitel	GA	• Kapitel lesen und nach den Tabellenvorgaben zusammenfassen	ARBEITSBLATT 5a ➤ S. 50 f.
5.3	Sicherung 1: Präsentation und Diskussion der Ergebnisse	SV / LV	• Ergebnisse präsentieren und diskutieren • Tabelle vervollständigen	ARBEITSBLATT 5a ➤ S. 50 f.
5.4*	Erarbeitung 2: Funktion des Gärtners	UG / PA	• Figur des Gärtners besprechen • Informationen lesen und zusammenfassen • Ergebnisskizze antizipieren	ARBEITSBLATT 5b ➤ S. 52 f.
5.5	Sicherung 2: Abschluss der Ergebnissammlung	UG	• Skizzen rund um den Gärtner präsentieren bzw. gemeinsam entwickeln	TAFELBILD 5 ➤ S. 48
5.6 **fakultativ**	Vertiefung: Verfassen von Figurenmonologen über den Gärtner	EA / SV	• Monologe verfassen und vereinzelt vortragen	

Hinweis. Diese Unterrichtsstunde, in der ein orientierender Überblick des Romans erarbeitet wird (ARBEITSBLATT 5a), kann aus Gründen der Lektüresicherheit bereits früher – z. B. direkt im Anschluss an das Autorenporträt (1. Stunde) – platziert werden. Das aus dem Erinnerungsrahmen fallende Kapitel 1 (»Der Großbauer und seine vier Töchter«) und das Resümee im Kapitel 11 (»Die unberechtigte Eigenbesitzerin«) wären dann auf dem ARBEITSBLATT 5a zu entfernen und anhand von Textauszügen (erster Satz, Motivwiederholung) in der VORLAGE 5 zu ergänzen.

5.1 Einstieg: Figurenzuordnung über den Einstiegssatz und ein Leitmotiv

Unterrichtsschritt. Über ein Memory (VORLAGE 5 ***Memory: Figuren – Kapitelanfang – Leitmotiv***) ordnen die Schüler den jeweiligen Figuren den Kapitel-Einstiegssatz (blau) und eine leitmotivische Wiederholung (rot) begründet zu. Erste Erklärungsversuche (inhaltlich, charakterlich, Lebensalter) werden bei der Zuordnung erwähnt, eine zeitliche Einordnung des jeweiligen Kapitels wird versucht. Stilverwandtschaften der Erpenbeck-Prosa zur Gattung der Kurzgeschichte können über einen Lehrervortrag bezeichnet und erläutert werden.

UG / LV

VORLAGE 5
➤ S. 47

Erläuterungen. Erpenbecks episodisches Vorgehen ermöglicht anhand von kurzen Einblicken in das Leben der Figuren ein zugespitztes und reduziertes Kennenlernen und ist demnach nicht nur im ersten Satz nah bei einer Kurzgeschichte zu verorten. Auch manche Stilgriffe der Reduktion, reichlich Leerstellen sowie die mitunter niedrige Handlungsentwicklung lassen Assoziationen in diese Richtung zu. Mit dem Einstieg kann dies ergänzend angesprochen werden. Die Einstiegssätze weisen zudem auf Handlungsdetails, die Motivwiederholungen auf einen Schwerpunkt der Figurenbetrachtung hin, was am Beispiel der Figurenzuordnung mit der Lerngruppe diskutiert und inhaltlich verortet werden kann.

Zuordnungen der Memory-Felder zu den Kapiteln bzw. Figuren:

8	5	10
9	8	6
9	4	10

6	4	3
7	2	2
5	3	7

5.2 Erarbeitung 1 / Textarbeit: Zeitliche und inhaltliche Organisation der Figurenkapitel

GA

ARBEITSBLATT 5a
➤ S. 50 f.

Unterrichtsschritt. Über Fragen zur zeitlichen Chronologie und inhaltlichen Entwicklung des Romans wird schließlich der Arbeitsauftrag gestellt. Dabei werden neun Arbeitsgruppen zu je einer Figur bzw. einem Kapitel (2–10) eingeteilt. Die Schülerinnen und Schüler erhalten mit dem ARBEITSBLATT 5a ***Aufbau des Romans »Heimsuchung«*** den Auftrag, die entsprechende Zeile zu füllen und für die anschließende Präsentation vorzubereiten.

5.3 Sicherung 1: Präsentation und Diskussion der Ergebnisse

SV / LV

ARBEITSBLATT 5a
➤ S. 50 f.
Lösungshinweise
➤ S. 96 f.

Unterrichtsschritt. Die Arbeitsgruppen präsentieren ihre Ergebnisse, und die Lerngruppe füllt die entsprechenden Felder in der Tabelle auf ARBEITSBLATT 5a. Die vorgeschlagenen Ergebnisse werden im Anschluss diskutiert und eventuell erweitert.

Erläuterungen. Der Hausentwicklung bzw. dem Scheitern langlebiger Heimatvorstellungen der am Scharmützelsee verweilenden Figuren gilt die Dramaturgie des Textes. Der Romanaufbau in seiner einerseits chronologischen Sukzession, andererseits nicht-chronologischen Sprunghaftigkeit – in der Trennung bei stattfindender Korrespondenz – ist demnach in einer einfachen Tabelle sichtbar zu machen. Schwerpunkte der jeweiligen Handlungszeit (weitgehend chronologisch), der Gegenwartshandlungen und der epochenübergreifenden Rückblicke (nicht-chronologisch, assoziativ) versuchen dies zu veranschaulichen. Die erwähnten anderen Figuren verdeutlichen daneben direkte und indirekte Kontakte der Akteure.

5.4* Erarbeitung 2: Funktion des Gärtners

UG / PA

ARBEITSBLATT 5b
➤ S. 52 f.

Unterrichtsschritt. Die Lehrkraft verweist auf die stetigen Zwischenkapitel zum Gärtner und eröffnet mit der Frage, was man über ihn eigentlich wisse, eine erste verbale Sammlung zur Figur. Im Zuge der Schüleräußerungen wird die rätselhafte Figur als besonders gewichteter Bedeutungsträger offenbar, weshalb über das ARBEITSBLATT 5b ***Wiederkehr des Gleichen: der Gärtner*** sowohl die Autorin wie auch verschiedene Literaturwissenschaftler:innen zur Figur befragt werden. Die Schüler lesen das Arbeitsblatt und bereiten in Partnerarbeit eine Ergebnisskizze vor.

Erläuterungen. Der Gärtner ist zwar keine Lösung für die Probleme der Figuren, jedoch als Kontrastfigur eine Option zur Gelassenheit und Kontemplation. Vielleicht auch ein Beispiel für das Glück des Immergleichen, wenn es denn auf Naturregeln beruht. Insofern ist die Gegenüberstellung von Natur und Mensch oder natürlicher und gesellschaftlich-historischer Zeit, die den Antagonismus von Gärtner und Figuren bestimmt, eine stimmige Funktionsgewichtung, die schon von Erpenbeck vorgeschlagen und von den Literaturwissenschaftler:innen vertieft wurde. Dass der unsterbliche Gärtnermythos schließlich krank wird und urplötzlich verschwindet, scheint zunächst sperrig, ist allerdings gedeutet worden (Verlusttrauma der DDR-Utopie, Menschwerdung, kulturelle

VORLAGE 5

Memory: Figuren – Kapitelanfang – Leitmotiv

[. . .] wieder schwimmen gehen [. . .], in diesem grünlich schimmernden, kühlen See, fast wie zu Hause.	*Tochter von Ernst und Elisabeth zwölf Jahre alt geboren in Guben.*	Manchmal steigt er auf eine Leiter und zieht die Folie zurecht, mit der er das Schilfdach des Badehauses im letzten Herbst abgedeckt hat.
Was weiß man.	Die Hauptsache ist, daß sie hier wieder schwimmen kann.	Nachts sind noch einmal zwölf Pferde gebracht worden.
Das mußt du allein entscheiden, hatte er gesagt.	*Lachen / lacht / lachten*	*Im Holzschuppen gesehen haben*
Der Architekt (Kapitel 2)	**Der Tuchfabrikant** (Kapitel 3)	**Die Frau des Architekten** (Kapitel 4)
Das Mädchen (Kapitel 5)	**Der Rotarmist** (Kapitel 6)	**Die Schriftstellerin** (Kapitel 7)
Die Besucherin (Kapitel 8)	**Die Unterpächter** (Kapitel 9)	**Der Kinderfreund** (Kapitel 10)
Pfefferminz und Kampfer	Kennst du den? Also.	*Heim (und Heil)*
I-c-h k-e-h-r-e h-e-i-m, war der Satz, den sie gestern zuletzt auf der Schreibmaschine geschrieben hat.	*Überhaupt weiß er jetzt viel weniger, als er einmal wußte.*	Es ist schon bitter, daß er jetzt alles eingraben muß.
Jetzt weiß niemand mehr, daß sie da ist.	Elliot spielt der Kleinen den Ball zu.	*Ich kehre heim*

Zähmung der Natur). Der kulturpessimistische Vorschlag von Katja Schubert (»Globalisierung«) soll diese Ideen spiegeln und kann kritisch diskutiert werden.

5.5 Sicherung 2: Abschluss der Ergebnissammlung

UG

Unterrichtsschritt. Einige Ergebnisskizzen werden präsentiert und diskutiert. Eine gemeinsame Skizzierung (TAFELBILD 5) kann die inhaltliche Diskussion abschließen.

TAFELBILD 5
➤ S. 48

Erläuterungen. Die Skizzierung in TAFELBILD 5 konzentriert sich auf die Ambivalenzen eines naturgegebenen Lebenskerns und der vom Menschen darüber geschichteten sozialen, gesellschaftlichen, politischen Historie. Erpenbeck macht durch Pro- und Epilog die letztlich immer siegreiche Natur deutlich; dazwischen aber ist der Mensch dem Menschen ein Wolf und der Natur ein manipulierender Gegner. Ist demnach die länger andauernde Heimatfindung nur unter Berücksichtigung der Naturregeln denkbar? Ist die vernunftlose, kapitalmaximierende Zivilisation nach dem Ende der kommunistischen Utopie auf Dauer der Ortlosigkeit ausgeliefert? Wenn der Antagonismus auch gut gefügt ist, kann er nicht verlässlich alle Fragen beantworten. Oder: Er überlässt sie dem Leser.

TAFELBILD 5

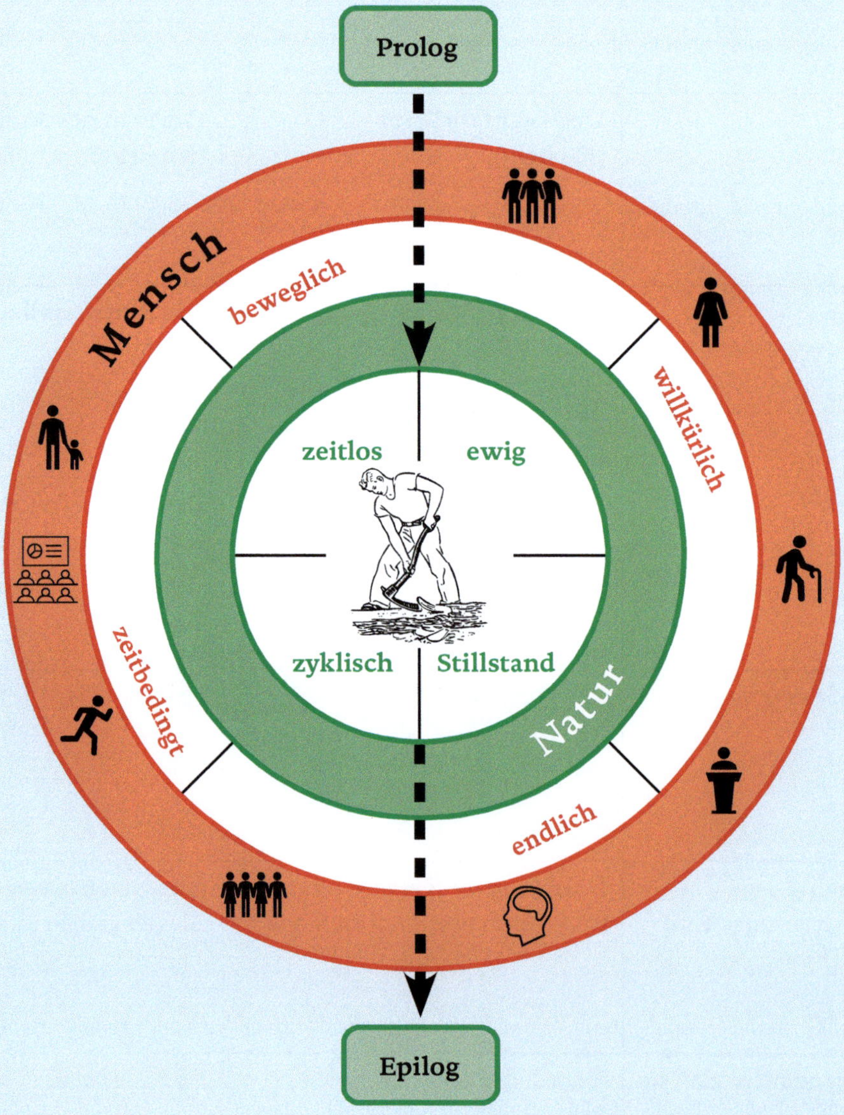

5.6 Vertiefung: Verfassen von Figurenmonologen über den Gärtner (fakultativ)

Unterrichtsschritt. Letztlich kann eine schülerorientierte Produktion beide Figurenbereiche zusammenführen. Dazu versetzen sich die Schülerinnen und Schüler in eine Figur der Hauptkapitel und schreiben an ihrer Stelle einen inneren Monolog über den Gärtner. Die Perspektivenübernahme und Einschätzung der emsigen, symbolischen Figur werden abschließend über einige Beispiele publiziert und besprochen. EA / SV

Erläuterungen. Interessant wäre es sicherlich, dem Gärtner eine Stimme zu geben und ihn über die Figuren reflektieren zu lassen. Da er aber durch den Roman bewusst nicht als Reflexionssubjekt angelegt ist, fehlt es hier an Einschätzungssicherheit und nicht zuletzt auch an Andockpunkten für Empathieleistungen. Die Figuren selbst schweigen zwar nicht über den Gärtner, äußern sich aber jeweils nur kurz und ohne rechten Tiefgang. Eine Transformationsleistung im Sinne eines inneren Monologs könnte also diese Leerstelle schüler- bzw. leserorientiert füllen und sowohl die Figuren als auch den Gärtner, somit indirekt den Antagonismus der Weltbetrachtung, thematisieren. Da der Gärtner mit Kindern aufgrund ihrer Naturnähe ein besonderes Verhältnis unterhält, wären hier gerade Monologe des Mädchens (Kapitel 5), des Kinderfreunds (Kapitel 10) und der Eigenbesitzerin (Kapitel 10) vielversprechend.

ARBEITSBLATT 5a (Seite 1 von 2)

Aufbau des Romans *Heimsuchung*

Kapitel / Hauptfigur	Zeit der Handlung	Handlungen	Rückblick / Zeiträume	Andere Figuren
Gärtner				
(1) ***Der Großbauer und seine vier Töchter***	Spätes 19. Jahrhundert bis ungefähr 1934/35	Scheitern der Wurrach'schen Heiratsplanung; Verrücktheit und Selbstmord Klaras; Verkauf von »Klaras Wald«	Kaiserreich und Weimarer Republik (unkenntlich), Beginn des Dritten Reichs (Ortsbauernführer)	Kaffee- und Teeimporteur, Tuchfabrikant (Arthur, Ludwig), Architekt und junge Verlobte
Gärtner				
(2) ***Der Architekt***				
Gärtner				
(3) ***Der Tuchfabrikant*** *(Ludwig)*				
Gärtner				
(4) ***Die Frau des Architekten***				
Gärtner				
(5) ***Das Mädchen*** *(Doris)*				
Gärtner				
(6) ***Der Rotarmist***				

ARBEITSBLATT 5a (Seite 2 von 2)

Kapitel / Hauptfigur	Zeit der Handlung	Handlungen	Rückblick / Zeiträume	Andere Figuren
Gärtner				
(7) ***Die Schrift-stellerin***				
Gärtner				
(8) ***Die Besucherin***				
Gärtner				
(9) ***Die Unterpächter***				
Gärtner				
(10) ***Der Kinder-freund***				
Gärtner				
(11) ***Die unberechtig-te Eigenbesitzerin***	Nach 2001 – heute	Muss das Haus für die Übergabe räumen, durchläuft Grundstück und Haus, holt Gegenstände ins Haus, putzt das Haus über Tage und schließt es	DDR – BRD (Restitutionsstreitig-keiten mit den Erben der Frau des Architekten)	Vater, Frau des Architekten, Kinderfreund, Schriftstellerin, Unterpächter, »jüdische Parzelle«, Gärtner, Architekt

Wiederkehr des Gleichen: der Gärtner

Jenny Erpenbeck: Es gab diesen Gärtner tatsächlich. Er starb, als ich vielleicht vier oder fünf Jahre alt war. Ich fand ihn immer etwas unheimlich, weil er so wenig sprach. Vielleicht wurde er deshalb für mich zu einer Art mythischer Figur. Durch die Ruhe und Regelmäßigkeit, mit der er seine Arbeit verrichtet, verbindet er die Natur mit den Menschen, den »Herren« des Gartens, die in aktuelle gesellschaftliche Zusammenhänge eingebunden sind. […] In meinem Buch ist der Gärtner immer schon da, und am Ende stirbt er nicht, sondern verliert sich. In diesem Sinne ist er viel tiefer mit dem Ort verbunden als irgendeiner der juristischen Besitzer, die sich plötzlich etwas aneignen, es einzäunen und später vielleicht wieder verkaufen wollen.

Jenny Erpenbeck: »Ich denke viel über Übergänge nach.« Im Gespräch mit Alfons Huckebrink und Frank Lingnau über Grenzen und Grenzüberschreitungen. In: Am Erker 61 (Juni 2011), https://amerker.de/int61.php (Stand: 29. 12. 2023).

Soweit Jenny Erpenbeck über den realen Gärtner ihrer Kindheit und seine Aufwertung im Roman zur Allegorie eines Mittlers zwischen Natur und Mensch. Die Figur des Gärtners ist ja schon allein deshalb eine zentrale, vielleicht die wichtigste Figur des Settings, da sie ständig wiederkehrt, so dass es keine Nebensächlichkeit sein kann, wenn sie schließlich verschwindet. Erpenbeck organisiert den Roman um diese Leitfigur mit manchen Leerstellen, weshalb man aktiv ihre Funktion zu vermessen beginnt. In diesem Sinne durchaus von der Autorin gewollt, hat sich die Literaturwissenschaft am Gärtner regelrecht festgebissen. Dennoch bleiben einige Rätsel bestehen:

1. Sonja Dickow (2019):

In Bezug auf die Darstellung der Zeit, auf Rahmung, Chronologie und zyklische Zeit ist zudem die als gleichzeitig omnipräsent und rätselhaft zu beschreibende Figur des Gärtners interessant. […] Während die Figuren des Romans von den historischen Ereignissen und Umbrüchen, Zweiter Weltkrieg und Shoah, Kriegsende, DDR und Nachwendezeit heimgesucht werden oder aktiv in sie verstrickt sind, scheint der Gärtner von diesem Verstreichen der Zeit und von den politischen Verhältnissen unberührt zu bleiben.

Sonja Dickow: Konfigurationen des (Zu-)Hauses. Diaspora-Narrative und Transnationalität in jüdischen Literaturen der Gegenwart. Stuttgart: J. B. Metzler, 2019. S. 164 f.

2. Simone Costagli (2017):

Indem er etwa »den Bauern bei der Veredelung ihrer Obstbäume im Frühling zur Hand [geht]« und »im Sommer von den Bauern als Schnitter und zur Aufstellung der Hocken geholt [wird]« (Erpenbeck, 13), ist der Gärtner Symbol einer Zeitlichkeit, die allein den Naturgesetzen verpflichtet ist.

Simone Costagli: Die kollektive Autobiographie. Familienerinnerungen in den Romanen von Julia Franck, Jenny Erpenbeck und Eugen Ruge. In: Modern Languages Open 2017(4): 2, S. 7 (doi.org/10.3828/mlo.v0i0.118). – CC BY 4.0 / Simone Costagli.

3. Carola Hähnel-Mesnard (2022):

Auch die Figur des Gärtners […] stellt der Abfolge unterschiedlicher historischer Ereignisse Stillstand und Zeitlosigkeit entgegen. […] Der Gärtner besitzt scheinbar ein ewiges Wissen, arbeitet »ohne zu ermüden«, was ihm irreale und mythische Züge verleiht. […] Seine Arbeit folgt dem zyklischen Rhythmus der Natur, egal, für welche Besitzer er arbeitet, seine Tätigkeiten ähneln sich Jahr für Jahr. […] Dieses »Gleichmaß der gärtnerischen

Tätigkeiten« steht den »großen Ausschläge[n] auf der Handlungsebene« entgegen, die Ewigkeit der Natur suggeriert eine Zeitlosigkeit und Gleichförmigkeit, die im Gegensatz zu den wechselhaften menschlichen Schicksalen von historischen Ereignissen nicht beeinflusst wird. Neben dieser zyklischen Wiederholungsstruktur natürlicher Vorgänge fungiert der Gärtner auch als Verbindungsglied zu den im Prolog beschriebenen überzeitlichen geologischen Prozessen und hält durch das wiederholte Graben im Boden »Spuren der vor- bzw. nichtmenschlichen Geschichte präsent« [Stobbe, 2016, 98].

Carola Hähnel-Mesnard: Zeiterfahrung und gesellschaftlicher Umbruch in Fiktionen der Post-DDR. Göttingen: Vandenhoeck & Ruprecht, 2022. S. 247 f.

4. Julia Schöll (2014):

Die einzige Konstante in diesem Reigen bildet die Figur des Gärtners […] Doch ist dieser Gärtner kein individuelles Subjekt, sondern eine mythische Figur: ein scheinbar altersloses Wesen, schweigsam, gleichsam verwachsen mit dem Stück Land, auf dem er arbeitet, und der belebten wie unbelebten Natur. […] Neben die historisch in der Zeit positionierbaren Individuen – jene Figuren des Romans, die fast alle auf reale historische Vorbilder zurückgehen – tritt mit dem Gärtner eine Figur, die den Zeitläufen enthoben scheint. Den Heimsuchenden und Heimgesuchten, auf die der doppeldeutige Titel verweist, steht der Gärtner gegenüber, der kein Heim sucht und nicht heimgesucht wird, weil er immer schon an diesem Ort und in der Zeit angekommen ist. Sein Verwachsensein mit der Dingwelt bildet den Punkt, an dem Mythos und Historie ineinandergreifen.

Julia Schöll: Wörter und Dinge. Jenny Erpenbecks Text- und Objektästhetik. In: Friedhelm Marx / J. Sch. (Hrsg.): Wahrheit und Täuschung. Beiträge zum Werk Jenny Erpenbecks. Göttingen: Wallstein, 2014. S. 43 f.

5. Inga Probst (2010):

Die jahreszeitliche Abfolge gibt in berechenbarer Gleichförmigkeit den zyklischen Ablauf vor, der auch von den gesellschaftlich-historischen Veränderungen unangetastet bleibt und als Metapher der Ewigkeit fungiert. Seine Verkörperung findet das Ewigkeitsmotiv in der Figur des Gärtners. In den ihm gewidmeten Kapiteln geht es ausschließlich um seine Arbeit, die er im Einklang mit der Natur verrichtet, und die in jedem Kapitel zum Teil im gleichen Wortlaut wiederholt werden. […] Diese Erzählebene […] ist der chronologisch-historischen Zeit gänzlich entrückt und damit vom restlichen Romangeschehen weitestgehend separiert, da sie einer Eigengesetzlichkeit gehorcht.

Inga Probst: Auf märkischem Sand gebaut. Jenny Erpenbecks *Heimsuchung* zwischen verorteter und verkörperter Erinnerung. In: Ilse Nagelschmidt [u. a.] (Hrsg.): Geschlechtergedächtnisse. Gender-Konstellationen und Erinnerungsmuster in Literatur und Film der Gegenwart. Berlin: Frank & Timme, 2010. S. 72 f.

6. Katja Schubert (2016):

Wenn nun der Gärtner als Figur eines solchen mythischen Repertoires den Text mit strukturiert, aber in der erzählten Zeit nach 1989 verschwindet, hieße das, dass nach 1989 die kollektiven Deutungsmuster in der Welterklärung nicht mehr möglich sind, dass die »Auflösung« post-Mauerfall nicht mehr wirklich zu bewältigen ist, weil eben die gesamte Richtung, und damit auch das Funktionieren mythischer Welterklärung mitsamt ihrer Sprache und ihrem »Bewältigungswerkzeug« im Zeitalter der Globalisierung abhandengekommen sind?

Katja Schubert: Kein Zivilisationsbruch. Wahrscheinliche Geschichte. *Heimsuchung* (2007) und *Aller Tage Abend* (2012) von Jenny Erpenbeck. In: Carola Hähnel-Mesnard / K. Sch. (Hrsg.): Störfall? Auschwitz und die ostdeutsche Literatur nach 1989. Berlin: Frank & Timme, 2016. S. 100.

Arbeitsauftrag:

Versuchen Sie, den Gärtner anhand der Deutungsangebote funktional zu erläutern. Entwickeln Sie daraus eine Skizze, in der die Gärtnerkapitel mit dem restlichen Roman in Beziehung gesetzt werden.

6 *Wer weiß dann von der Welt?* – Das »zentrale Kapitel« des Romans untersuchen (Kapitel 5)

Sachanalyse

Den Holocaust in einer kleinen, zehnseitigen Geschichte[1] belletristisch zu verarbeiten, ist sicherlich keine leichte Aufgabe. Erpenbeck verdoppelt dann auch die Kapitel über dieses solitäre Verbrechen des 20. Jahrhunderts (Kapitel 3 und 5), belässt es pro Kapitel nicht bei 10 Seiten, unterbricht zudem die sonst weitgehend waltende Namenlosigkeit und widmet das gesamte Buch dem jüdischen Mädchen: »Für Doris Kaplan.« (1931–1942/43; R 5 | P 5)

Im dritten Kapitel, »Der Tuchfabrikant«, wird der einzige Überlebende einer jüdischen Großfamilie aus Guben in den Jahren zwischen 1935 und nach 1942 fokussiert. Dieser Ludwig[2] wandert mit seiner Verlobten Anna im März 1936 (R 56 | P 59) nach Kapstadt/Südafrika aus, versucht im Jahr darauf seine Eltern zum gleichen Schritt zu bewegen und gründet, während sich in Deutschland die Situation für Juden mehr und mehr verschärft, eine Familie mit zwei Kindern. Dem jüngsten gibt er den Namen seiner ermordeten Schwester Elisabeth.

Im fünften Kapitel, »Das Mädchen«, werden dann die letzten Lebensstationen von Doris, Elisabeths Tochter und Ludwigs Nichte, geschildert. Zunächst versteckt sie sich in einem dunklen Raum im Warschauer Ghetto vor der SS, vermutlich während der »Räumung des Ghettos« ab dem 22. Juli 1942 oder nach dem jüdischen Aufstand im April/Mai 1943, und erinnert sich vielfältig an ihre Familie und die Zeit am Scharmützelsee. Schließlich entdeckt man sie über ihre aus dem Versteck fließenden Urinausscheidungen, transportiert sie in ein Vernichtungslager, wo sie sofort erschossen wird.

Jenny Erpenbeck hat über das fünfte Kapitel, das »ein ganz zentrales Kapitel« ihres Buches sei, einen Text geschrieben, der Einblicke in ihre Recherchearbeit gibt und den Lebensweg von Doris Kaplan sowie ihrer Familie anhand der existierenden Quellen nachzeichnet.[3] »Der Universalität eines paradiesischen Gartens steht in meinem Buch mit dem Schicksal dieses Mädchens das höllische Nichts entgegen.«[4]

Dieses Nichts wird zwei Kapitel zuvor in einem gleichsam infernalischen Schnittprotokoll vorbereitet. Montiert werden Szenen der Großfamilie aus Deutschland zwischen 1935/36 (Planung und Bau des Badehauses) bis hin zur Verschleppung und Ermordung der Juden im Jahr 1942, Szenen aus Ludwigs neuer Heimat in Kapstadt zwischen 1937 und 1942 sowie nach 1942. Fokussiert wird also die überlebende Auswandererfamilie um Ludwig, die die Heimat verlässt, auf Erbe und Tradition verzichtet, um am Leben zu bleiben. All die anderen, die dies aus welchen Gründen auch immer nicht tun, werden ermordet. Der immer wieder in Anlehnung an alttestamentliche Genealogien[5] beschworene Familienstammbaum (R 45, 52, 56 | P 48, 55, 59) ist in der feindseligen deutschen Heimat, wo eine perfide Justiz Menschenwürde abspricht und Diebstahl legitimiert,[6] nicht zu behaupten: Heimat und Fremde, Ewigkeit und Vergehen, Neuaufbruch oder Verweilen – die Motive des Romans kommen hier in ihren fatalen Auswirkungen und Entscheidungsnöten am deutlichsten zum Vorschein. Letztlich bleiben nur das Badehaus mit reichlich Witterungsschäden und die von der um 1935/36 noch intakten Familie gepflanzte Weide (R 48, 50, 51, 52 | P 51, 53, 54, 55) als Zeugen übrig. »Durch die Vertreibung und Ermordung der Familie erfährt die vermeintliche Idylle am See ihren unheimlichen Charakter.«[7]

1 Vgl. Jenny Erpenbeck / Jan Bürger, »Gespräch über die Entstehung des Romans«, in: *Geschichten aus einem Haus* [Lesung und Gespräch am 28.5.2008 im Deutschen Literaturarchiv Marbach)], www.dichterlesen.net/veranstaltungen/detail/geschichten-aus-einem-haus-2053 (Stand: 13.12.2023).

2 Während alle ermordeten Juden die faktischen Vornamen der Familien Engel und Kaplan erhalten, werden die Vornamen der Überlebenden verändert.

3 Jenny Erpenbeck, »Über das 5. Kapitel des Romans *Heimsuchung*«, in: Stephanie Catani / Friedhelm Marx (Hrsg.), *Über Grenzen. Texte und Lektüren der deutschsprachigen Gegenwartsliteratur*, Göttingen 2015, S. 13–30.

4 Ebd., S. 14.

5 Geschlechtsregister (Toledot) und genealogische Erzählungen sind ein wichtiger Bestandteil der Torah, insbesondere in 1. Mose (Genesis). Vgl. das Stichwort »Genealogie (AT)«, in: *Wissenschaftliches Bibellexikon im Internet (Wibilex)*, www.bibelwissenschaft.de/ressourcen/wibilex/altes-testament/genealogie-at (Stand: 20.12.2023).

6 Die immer wieder eingeschobenen Gegenstandsprotokolle (Objekt, Kaufdatum, Preis) beziehen sich auf staatlich geforderte Listen von Haushalts- bzw. Einrichtungsgegenständen im Fall einer Ausreise (Stichworte: jüdische Enteignung, Arisierung). Einen Bezug zwischen den leitmotivischen Wiederholungen von Stammbaum und Haushaltslisten erkennt schon Grabbe und spricht von einer »Gleichsetzung der Menschen mit Waren«, in: Katharina Grabbe, *Deutschland – Image und Imaginäres. Zur Dynamik der nationalen Identifizierung nach 1990*, Berlin/Boston 2014, S. 246. Endgültig klar wird der nationale Raubzug im 5. Kapitel, wenn die auktoriale Erzählinstanz die Versteigerung des jüdischen Besitzes an schnäppcheninteressierte Deutsche schildert (R 82–84 | P 87–89).

7 Sonja Dickow, *Konfigurationen des (Zu-)Hauses. Diaspora-*

Zum »herausstechenden Kapitel des Romans«[8] gerät dabei das »höllische Nichts« der Schilderung von Doris Kaplans letzten Lebensmomenten. Der Zivilisationsbruch der Shoah wird durch die zentrale Platzierung des Kapitels im Roman betont und erhält mit dem reglosen Kind in der »schwarzen Kammer« (R 74, 75, 77 | P 79, 81, 82) ein besonders eindrückliches Bild. Durch ihre Ausgrenzung und gesellschaftliche Ächtung entmenschlicht, wird Doris nun aus einem natürlichen Lebenstrieb heraus zur Negierung ihres Körpers gezwungen, muss still verharren im Dunkel der Welt. Dieses Totstellen ohne Hoffnung führt zu einer immensen Gedankenexplosion. Immer wieder finden Selbstbefragungen statt, sucht Doris Orientierung, überprüft Identität, Existenz und die Bedeutung von Begriffen wie Wahrnehmungen. Dazwischen stets: Gedanken an den Scharmützelsee. Sie nimmt erneut die unterseeischen Berge wahr (Prolog, Fischer), erkennt auf dem Seegrund viele laufende Menschen (Klara?), segelt noch einmal mit dem Großvater und sieht und hört in Erinnerung die Zeit, »in der alles da war« (R 77 | P 82). Die Gedanken an die Landschaft machen ihr den »kleine[n] Übergang« (R 77 | P 82) leichter, werden mehr und mehr zum »einzige[n] Ort, der sich seit damals ähnlich geblieben sein wird« (R 82 | P 87), zur besseren Welt. Als sie im KZ zur Exekution geführt wird, denkt, sieht, riecht und fühlt sie die Landschaft um den Scharmützelsee (R 86 | P 91).

Was dieses Kapitel tatsächlich in den Mittelpunkt des Romans stellt, ist das Beziehungsgeflecht der Inhalte in alle Richtungen des Textes. Die Erinnerungsbezüge von Doris zum Prolog, zum Gärtner und zu Klaras Freitod (Kapitel 1) wurden bereits erwähnt, ihr Verstecken in der schwarzen Kammer wird im verborgenen Kleiderschrank wieder aufgenommen (Kapitel 4: »Die Frau des Architekten«, Kapitel 6: »Der Rotarmist«, Kapitel 11: »Die unberechtigte Eigenbesitzerin«), kann auch in eingesperrten Frauen (Kapitel 1: Hedwig, Klara, Kapitel 8: »Die Besucherin«) und den beobachtenden Kindern hinter den Holzscheiten (Kapitel 10: »Der Kinderfreund«) erkannt werden. Außerdem fängt Doris mit der Architektenfrau Krebse (R 84 | P 89), wann das aber war, weiß Letztere nicht mehr. Der Architekt wiederum trocknet sich mit den Handtüchern der Nachbarn ab und hält sich etwas darauf zugute, dass er ihnen den halben Preis für das Badehausgrundstück bezahlt hat (R 40 f. | P 43 f.). Die Schriftstellerin färbt ihre roten Haare, um nicht als Jüdin wahrgenommen zu werden, und verschweigt recherchierte Verbrechen an Juden auf Geheiß der sowjetischen Führungsoffiziere (R 113 | P 117 f.). Das Badehaus aber will sie, als ein Arzt in ihre Nachbarschaft zieht, behalten und lässt es auf ihren Pachtgrund versetzen. Schließlich beleben die Unterpächter das Segeln auf dem See wieder: »Was weiß man / von der Welt?« (R 139/84 | P 144/89).

Ob sie den Nachbewohnern nun bekannt war oder nicht: Die Geschichte um das Badehaus, die Tuchfabrikantenfamilie und Doris taucht den ganzen Landstrich in historische Schuld. »Unter den unvergleichlichen anderen Bedingungen des Lebens und Sterbens der jüdischen Nachbarn müssen sich nun Perspektiven auf ›Heimat‹ und Familie anders artikulieren.«[9]

Narrative und Transnationalität in jüdischen Literaturen der Gegenwart, Berlin 2019, S. 165.

8 Franziska Meyer, »Sommerhaus, früher: Jenny Erpenbecks *Heimsuchung* als Korrektur von Familienerinnerungen«, in: *Gegenwartsliteratur. Ein germanistisches Jahrbuch* 11 (2012), S. 335.

9 Ebd., S. 336.

Unterrichtsverlauf

Überblick. Am Beispiel der Texte über die jüdischen Familien werden faktuale und fiktionale Bedingungen des Romans verdeutlicht sowie das von der Autorin als »zentrales Kapitel« ausgewiesene Schlüsselthema der Geschichte um Doris untersucht und diskutiert. Zudem werden historische Kontexte am Beispiel des Warschauer Ghettos erläutert. Eine mögliche Abschlussproduktion greift die textstrukturelle Lesermitarbeit am Beispiel des fünften Kapitels konkret auf und überwindet zumindest teilweise die vom Roman gesetzte Distanz. ! **Verkürzter Verlauf: 6.1 – 6.2 – 6.3 – 6.4 – 6.5**

Phase	Thema	Sozialform	Kompetenzen/Lernziele	Materialien
Voraussetzungen: Textkenntnis des Romans				
6.1	Einstieg 1: Doris Kaplan – Realität und Fiktion	UG / LV	• Historische Hintergründe zu Figuren und Räumen kennenlernen • Faktuale und fiktionale Bezüge benennen und erläutern	VORLAGE 6a ➤ S. 57
6.2	Einstieg 2: Warschauer Ghetto – ein historischer Tatort	UG / LV	• Historischen Hintergrund der Shoah konkretisieren und recherchieren	VORLAGE 6b ➤ S. 59
6.3	Erarbeitung 1: Jenny Erpenbeck über das fünfte Kapitel des Romans	PA / GA / UG	• Paratext zu Romandetails rezipieren, Inhalte zusammenfassen und gewichten • Bezüge zur Kapitelgestaltung bezeichnen	ARBEITSBLATT 6 ➤ S. 62 f. VORLAGE 6c ➤ S. 60
6.4	Erarbeitung 2 / Textarbeit: Doris am Scharmützelsee und im Ghetto	GA	• Zielgerichtet den Kapiteln Rauminformationen entnehmen und deren Korrespondenz visuell gestalten	VORLAGE 6c ➤ S. 60
6.5	Sicherung: Geschichte von Doris als zentrales Kapitel: »Paradies« und »Hölle«	SV / UG	• Arbeitsergebnisse vorstellen • Tafelbild gemeinsam entwickeln	VORLAGE 6c ➤ S. 60
6.6* **fakultativ**	Vertiefung: Antworten auf Doris' Fragen	GA	• Auf Textfragen produktionsorientiert reagieren • Textleerstellen aktiv füllen	VORLAGE 6d ➤ S. 61

Hinweise. Die Stunde fokussiert das Kapitel 5 bzw. Doris, weshalb nur reduziert auf Informationen des Kapitels 3 zurückgegriffen wird. Trotzdem ist das Kapitel 3 von Bedeutung. Infolgedessen könnte den Schülerinnen und Schülern im Blick auf die verwirrende Montage zunächst Orientierungssicherheit vermittelt werden: Ausgehend von den Informationen R 56 | P 59 kann die zeitliche Chronologie (1935/36–1942 / Deutschland; 1936–1942 / Kapstadt; nach 1942 / Kapstadt) evtl. durch tabellarische Parallelisierung erarbeitet werden, wodurch die figürliche Konstellation (Tuchfabrikantengroßfamilie / Ludwig und Anna / Ludwig, Anna, Elliot und Elisabeth) der raumzeitlichen Sphären leichter erfasst werden kann. In der darauffolgenden Rückführung zum Originaltext (plus Neulektüre) könnte dann verstärkt auf die Übergänge, die Verbindungsbezüge und -objekte zwischen den Sphären geachtet und eventuell der Match-Cut als filmisches Prinzip vergleichend herangezogen werden.

Die hier nur punktuell thematisierte historische Judenverfolgung im Dritten Reich, insbesondere im Zweiten Weltkrieg (Warschauer Ghetto) wird als im Geschichtsunterricht behandelt betrachtet; sie kann aber durch die Lehrkraft erneut herangezogen bzw. in der faktischen Genese – Ausgrenzung, Entrechtung und Vertreibung, Deportation, Ghettoisierung und Vernichtung – verdeutlicht werden.

6.1 Einstieg 1: Doris Kaplan – Realität und Fiktion

Unterrichtsschritt. Die Lehrkraft verweist auf die Widmung des Romans und legt Bildmaterialien und Lebenslauf von Doris Kaplan auf (VORLAGE 6a *Doris Kaplan*). Die Schülerinnen und Schüler äußern sich zu den Doris-Inhalten des Romans, schätzen ihre Bedeutung als Figur für den Text ein und diskutieren ausgehend von dieser Faktenlage den Fiktionalitätsgrad der Kapitel mit Doris.

UG / LV
VORLAGE 6a
➤ S. 57

Ergänzung. Zur Vertiefung der biografischen Eckdaten kann die Dokumentation »Die Sonntagsbriefe der Doris Kaplan« betrachtet werden: www.youtube.com/watch? v=OCDNKrj8HXA (Stand: 20.12.2023).

Erläuterungen. Erpenbecks »literarische Archäologie« (Sonja Dickow) wird in den Geschichten der jüdischen Familien Engel und Kaplan aus Guben besonders deutlich, auch weil die Autorin selbst ihr Wissen und Vorgehen in einem Begleittext publiziert hat. Solche Offenlegung biografischer Daten und die Verwendung der empirischen Eigennamen sind demnach deutliche faktuale Hinweise, die Figurenreden, -handlungen und -gedanken in speziellen Räumen dagegen fiktiv: eine nicht beweisbare Möglichkeit. Die wirksamen Gestaltungoptionen Erpenbecks (Korrespondenz Kapstadt–Deutschland, schwarzer Raum im Ghetto, sich wiederholende Handlungen und Sätze etc.) können hier benannt und in den Bereichen der sprachlichen (Fiktion) und außersprachlichen Wirklichkeit (Fakten) verortet werden.

VORLAGE 6a

Doris Kaplan

Links: Doris Kaplan; rechts: Doris Kaplan mit ihren Eltern Elisabeth Kaplan, geb. Engel, und Ernst Kaplan. – Fotos: Moses Mendelssohn Zentrum / Bibliothek / Akte Doris Kaplan

Doris Kaplan

- Geboren 1931 in Guben (Brandenburg)
- Lebte ab März 1940 ohne die Eltern in Berlin, Leopoldstr. 5, bei Familie Meissinger
- Ab Februar 1942 in der Luitpoldstr. 21 bei der Familie Schlome
- Besuch der Jüdischen Schule in der Joachimsthaler Straße
- Ostern 1942: zusammen mit der Mutter Deportation ins Warschauer Ghetto
- Vermutlich im Vernichtungslager Treblinka ermordet

»Stolperstein« für Doris Kaplan in Guben. – CC BY-SA 4.0 DEED / Christian Michelides

6.2 Einstieg 2: Warschauer Ghetto – ein historischer Tatort

UG / LV

VORLAGE 6b
➤ S. 59
Internetzugang

Unterrichtsschritt. Ausgehend von der Frage, warum das fünfte Kapitel »Das Mädchen« als Titel führt und nicht »Doris«, bespricht die Lehrkraft mit den Schülerinnen und Schülern die Besonderheit des Ortes und legt dabei die Bilder zum Warschauer Ghetto auf (VORLAGE 6b ***Das Warschauer Ghetto***). Kurze Recherchen zum Ghetto und den Stationen der Judenverfolgung im Nationalsozialismus werden in ein Unterrichtsgespräch zum einzigen Kapitel des Romans überführt, das nicht am Scharmützelsee verortet ist:

- Ist das tatsächlich der einzige Ortswechsel des Romans?
- Ist der Scharmützelsee auch in diesem Kapitel präsent? Wie gelingt das?
- Inwiefern wirken sich Warschauer Ghetto und weitere Raumwechsel auf die Landschaft am Scharmützelsee aus?

Ergänzungen. Eine filmische Kurzdokumentation zum Warschauer Ghetto kann gezeigt sowie die berühmte Aufnahme des Jungen aus dem Warschauer Ghetto recherchiert werden. Auch kann die Lehrkraft die im Film *Schindlers Liste* (Steven Spielberg, USA 1993) dargestellte Liquidierung des Krakauer Ghettos (Min. 0:52:55–1:07:40) als vergleichbares Ereignis vorführen, wobei die realitätsnah dargestellte Brutalität des Films trotz der Altersfreigabe (ab 12) zu bedenken ist. Das darin fokussierte Mädchen im roten Mantel, das sich unter einem Bett versteckt, lässt sich ansatzweise mit Doris vergleichen.

- Kurzzdokumentation: z. B. die Geschichte des Warschauer Ghettos in der Mediathek der Bundeszentrale für politische Bildung: www.bpb.de/mediathek/video/172307/geschichte-des-warschauer-ghettos (Stand: 20.12.2023)
- Movie-Clip »The Girl in Red« (*Schindler's List*): www.youtube.com/watch?v=j1VL-y9JHuI (Stand: 20.12.2023)
- Wikipedia-Eintrag zum »Foto des Jungen aus dem Warschauer Ghetto«: https://de.wikipedia.org/wiki/Foto_des_Jungen_aus_dem_Warschauer_Ghetto (Stand: 20.12.2023)

Erläuterungen. Das Schicksal von Doris steht als konkrete Einzelbiografie stellvertretend für millionenfachen Mord, weshalb auch hier wie im Rest des Romans keine individualisierte Kapitelüberschrift formuliert wird: »Das Mädchen«.

Auch »Warschau« bleibt zunächst unkenntlich und wird erst spät (R 83 | P 89) im Kapitel erwähnt. Zuvor erfährt man nur die Straßennamen (ab R 80 | P 85), die die inzwischen kleine Welt (»nicht einmal ein Vaterunser lang«, R 80, 85 | P 85, 90) der europäischen Juden repräsentieren. Das Warschauer Ghetto war das 1940 errichtete größte Sammellager für Juden im deutschen Einflussgebiet vor ihrer 1942 beschlossenen Ermordung in Vernichtungslagern in Osteuropa. Das Ghetto ist somit symbolisch für diese Phase der Shoah und auch als Tatort des Verbrechens zu veranschaulichen.

Die von Erpenbeck nur indirekt aufgerufene Brutalität der NS-Judenpolitik könnte hier, am historischen Ort, konkretisiert werden. Ebenso wäre die Gelegenheit zu nutzen, verschiedene Romanorte (der Vertreibung, Flucht und Ermordung) in ihrem Rückbezug auf die (nur scheinbare) Idylle des Scharmützelsees zu verdeutlichen. Dass das Warschauer Ghetto einen wichtigen deutschen Erinnerungsort darstellt und immer wieder bundesdeutsche Repräsentanten zu Handlungen vor Ort veranlasst hat (z. B. Brandt-Kniefall 1970, Steinmeier-Gedenkrede zu 80 Jahren Aufstand im Warschauer Ghetto 2023), kann hier zusätzlich erwähnt werden.

6.3 Erarbeitung 1: Jenny Erpenbeck über das fünfte Kapitel des Romans

PA / GA / UG

ARBEITSBLATT 6
➤ S. 62 f.
VORLAGE 6c
➤ S. 60

Unterrichtsschritt. Die Schülerinnen und Schüler lesen den Auszug aus Erpenbecks Paratext zum Roman (ARBEITSBLATT 6 ***Jenny Erpenbeck: Über das 5. Kapitel des Romans »Heimsuchung«***) und bearbeiten die Arbeitsaufträge in Kleingruppen oder Partnerarbeit. Im folgenden Unterrichtsgespräch werden erste Informationen unter Verwendung der VORLAGE 6c ***Paradies und Hölle*** grob skizziert, bevor sanft zur folgenden Textarbeit übergeleitet wird. Orientierungsfragen können sein:

- Was ist Erpenbecks Motiv für die Recherche über die Gubener Tuchfabrikantenfamilie und Doris?
- Warum ist der Text über die jüdische Großfamilie trotz biografischer Detailfreude ein fiktionales Vorgehen?
- Inwiefern wirken sich die Gegensätze »paradiesischer Garten« und »höllisches Nichts« auf den gesamten Roman aus?

VORLAGE 6b

Das Warschauer Ghetto

»Der Junge aus dem Warschauer Ghetto«. Foto aus dem »Stroop-Bericht«, entstanden vermutlich während der Niederschlagung des Aufstands im Warschauer Ghetto April/Mai 1943

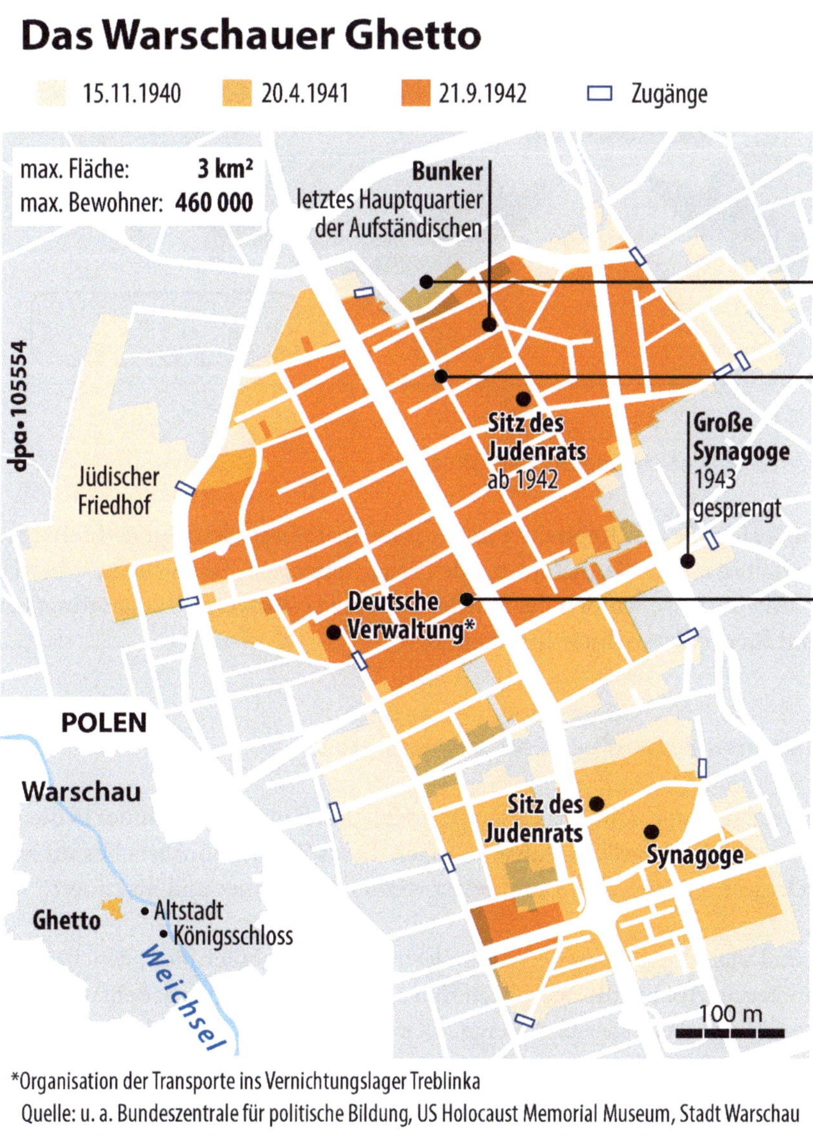

Güterbahnhof (Sammelstelle für Deportationen nach Treblinka)

Zamenhofa (R 86 | P 90)

Nowolipiestraße (R 76 | P 81)

Warschau: das Ghetto in den Grenzen von 1942. – picture alliance/dpa/dpa Grafik | dpa-infografik GmbH (bearbeitet)

Erläuterungen. Erpenbeck zeigt sich während ihrer Recherche überrascht über das Schicksal der jüdischen Familie, von deren Existenz sie nichts gewusst hatte. Ob daraufhin die Textkomposition in eine andere Richtung ging als zuvor, ist zwar spekulativ, im Zuge des »ganz zentralen Kapitel[s]« um Doris aber anzunehmen. »Weide« und »Badehaus« sind jedenfalls ab sofort geschichtete Erinnerungsmotive, das Paradies am See verliert dauerhaft seine ›Unschuld‹ und die Idee der »schwarzen Kammer« (R 74, 75, 77 | P 79, 81, 82) lässt an andere Verstecke und Gefängnisse des Romans denken (vgl. Sachanalyse), die immer auch mit einer Vorstellung von Heimat(gebräuchen) zu tun haben. Indes sind die Realitätshölle und das Erinnerungsparadies (Motivoppositionen Mensch und Natur, Zeit und Raum) in der Geschichte von Doris am deutlichsten gestaltet.

VORLAGE 6c

Paradies und Hölle

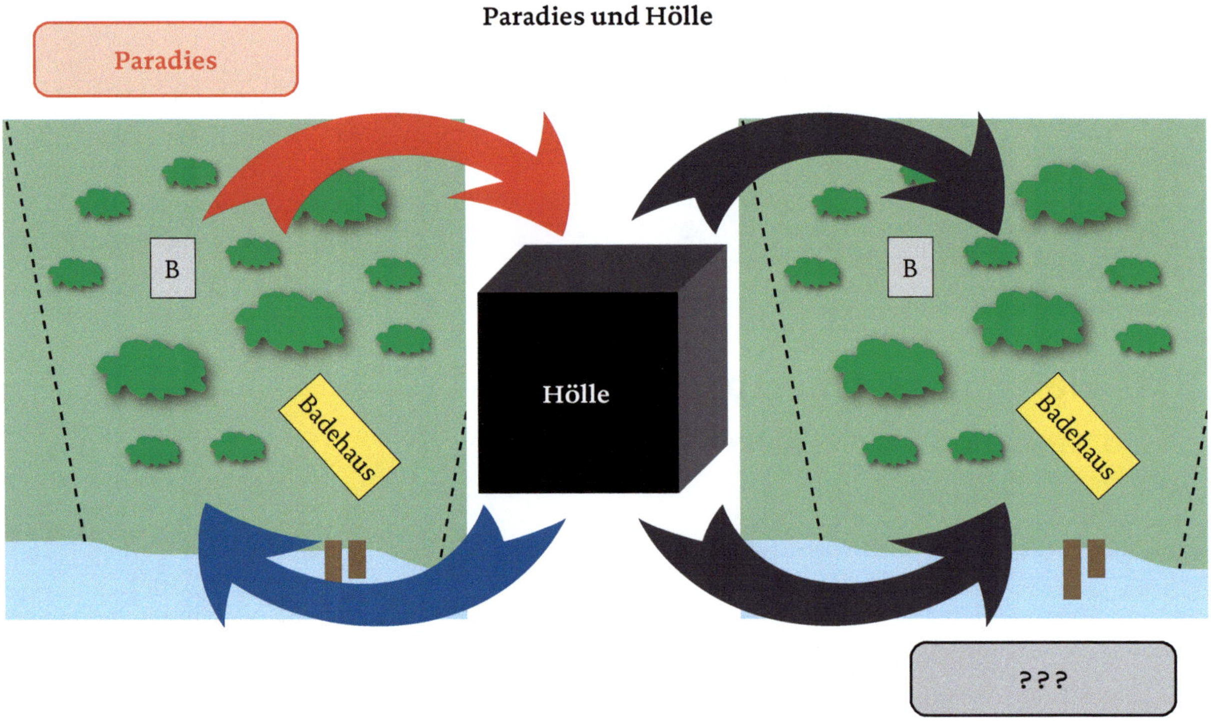

6.4 Erarbeitung 2 / Textarbeit: Doris am Scharmützelsee und im Ghetto

GA

VORLAGE 6c
➤ S. 60

Unterrichtsschritt. Arbeitsgruppen suchen in den Kapiteln 3 und 5 nach »paradiesischen« und »höllischen« Details und versuchen diese festzuhalten sowie die Bedeutung des Scharmützelsees für Doris in Warschau und Treblinka zu bezeichnen. Die Erkenntnisse werden der sichtbaren Skizze (VORLAGE 6c) zugeordnet bzw. die Skizze mit Texten präzisiert und für die Vorstellung vorbereitet.

6.5 Sicherung: Geschichte von Doris als zentrales Kapitel: »Paradies« und »Hölle«

SV / UG

VORLAGE 6c
➤ S. 60

Unterrichtsschritt. Die Ergebnisse werden vorgestellt, diskutiert und schließlich durch die Schüler in die vorstrukturierte Tafelskizzierung übertragen (VORLAGE 6c). Auswirkungen dieses Zivilisationsbruches auf kommende Figuren, Handlungen vor Ort und letztlich den Raum selbst werden bezeichnet und diskutiert.

Erläuterungen. Die Bezüge sind dicht und vielfältig, weshalb die Schülerinnen und Schüler hier gewichten und begründen sollten. Anschlusskommunikative Aushandlungen betreffen a) Objekte (Weide, Badehaus, Sonne, Himmel, Blätter, Bäume, Steg, Bretter, See, unterseeische Berge, ›Kirchturm‹, Himbeersträucher, Krebse, Boot, …), b) Handlungen (Schwimmen / Tauchen, Segeln, von Baum zu Baum gehen, sich hinter den Büschen verstecken, auf den See blicken etc.), c) Wahrnehmungen (Farben, Töne, Kiefergeruch, Sandgefühl unter den Schuhen etc.), d) Sätze (»Wenn die Weide schon groß ist …«, einmal nichts sehen, Sonne so lang wie möglich sehen, aufs Wasser blicken etc.) und e) Korrespondenzen zum noch folgenden Text (z. B. Segeln, Schwimmen, ›Verstecke‹, Badehaus, Weide, [Lebens-]Fluchten und Lügen). Zugleich wirken sich die Bedingungen in der »schwarzen Kammer« auf Doris' Selbst- und Weltwahrnehmung aus, was vor allem in ihrer Selbstbefragung deutlich wird (Worte, Kopf, Erinnerungen, schwarze Zeit, Lebensentfernung, menschliche Existenz, Zuhause). Wichtig an jener Sammlung ist die mit den Schülerinnen und Schülern zu erarbeitende Erkenntnis, dass diese Idylle durch den Holocaust ihrer ›Reinheit‹ verlustig geht – die Landschaft am See erfährt spätestens hier ihre Entzauberung.

6.6* Vertiefung: Antworten auf Doris' Fragen (fakultativ)

Unterrichtsschritt. Manche der Fragen von Doris im Kapitel (VORLAGE 6d ***Doris Kaplans Fragen***) können in einem Text versuchsweise durch die Schülerinnen und Schüler beantwortet werden. Ob dieser Text nun als *Brief* an Doris, (auktorialer) *Kommentar* zur Orientierungslosigkeit des Mädchens oder *Gedankendialog* mit dem geliebten Großvater (oder Vater) gestaltet wird, kann der Schülerentscheidung überlassen werden.

GA

VORLAGE 6d

➤ S. 61

Erläuterungen. Doris' existenzielle Fragen (Raum-Zeit-Kontinuum durch Bewegung und Erlebnisse, Dasein / Wirksamkeit / Verlässlichkeit ihrer Identität, Erfahrungen und Gedanken) führen sie in ihrer würdelosen Situation immer wieder in Gedanken zur Landschaft am See zurück, was sie trotz aufflackerndem Authentizitätszweifel zu beruhigen scheint. Diese einzige sympathetische Identifikationsfigur des Romans stellt die Fragen, die von der auktorialen Erzählerstimme durch keinerlei Hinweis eingeordnet werden, auch an die Leser, was die nicht leichte Transformationsproduktion der Beantwortung oder Kommentierung legitimiert. Die produktionsorientierten Handlungen können in einer persönlichen Kontaktaufnahme bzw. in einem fiktiven Dialog mit ihrem Großvater oder Vater eher einfühlend oder in einer Kommentierung eher distanziert-urteilend umgesetzt werden.

VORLAGE 6d

Doris Kaplans Fragen

Wem gehören jetzt noch, in solcher Dunkelheit, diese Worte?

Heimsuchung, R 74 | P 79.

Wer war sie? Wessen Kopf war ihr Kopf? Wem gehörten jetzt ihre Erinnerungen? Lief die schwarze Zeit immer weiter, auch wenn der Mensch nur noch saß, lief die Zeit immer weiter und riß selbst ein versteinertes Kind noch mit sich fort?

Heimsuchung, R 74 f. | P 80.

War damals das Leben noch heil?

Heimsuchung, R 78 | P 83.

War sie, Doris Tochter von Ernst und Elisabeth zwölf Jahre alt geboren in Guben, an dieser Stelle des Wegs schon zur Hälfte von ihrem Leben entfernt, oder mehr, oder weniger?

Heimsuchung, R 79 | P 84.

Wenn man mit zwölf Jahren stirbt, erreicht man dann auch das Alter schon früher?

Heimsuchung, R 80 | P 85.

Aber gab es überhaupt Krebse, einen See, ein Boot, Himbeersträucher? War dieser Junge noch da, wenn sie ihn nicht sah? War außer ihr noch irgendwer auf der Welt? Jetzt wird ihr klar, was sie die ganze Zeit nicht bedacht hat: Wenn niemand mehr weiß, daß sie da ist, wenn sie nicht mehr da ist, wer weiß dann von der Welt?

Heimsuchung, R 84 | P 89.

Ist sie tatsächlich nach Hause gekommen?

Heimsuchung, R 86 | P 91.

Jenny Erpenbeck: Über das 5. Kapitel des Romans *Heimsuchung*

(Auszug)

Als ich begann, für meinen Roman *Heimsuchung* die Geschichte des Grundstücks, auf dem das Sommerhaus meiner Großeltern stand, zu recherchieren, stieß ich zu meiner großen Überraschung auf einen jüdischen Vorbesitzer der einen Grundstückshälfte, von dem wir bis dahin nie etwas gewusst hatten. Es stellte sich heraus, dass auch der kleine Gästebungalow, der auf dieser Grundstückshälfte stand, nicht von dem Berliner Architekten, der in den dreißiger Jahren für sich und seine Frau das große Sommerhaus gebaut hatte, errichtet worden war, sondern als sogenanntes »Badehaus« von eben diesem jüdischen Vorbesitzer, Heinz Engel, einem Gubener Tuchfabrikanten. Wie viele jüdische Familien hatte sich 1939 auch die Familie Engel gezwungen gesehen, Immobilien und Grundstücke zu einem Schleuderpreis zu verkaufen, um die »Reparationsleistungen« für die Schäden der Kristallnacht zahlen zu können, sowie die sogenannte Reichsfluchtsteuer. Heinz Engel, der inzwischen nach Südafrika geflohen war, hoffte wohl, dass seine Eltern von dem Erlös aus dem Grundstücksverkauf auch die Ausreise nach Brasilien, um die sie sich bemühten, bezahlen könnten. Der benachbarte Berliner Architekt nutzte also die Gelegenheit und erweiterte sein eigenes Grundstück um den Grund der Familie Engel. Den Eltern von Heinz Engel gelang jedoch die Flucht nach Brasilien nicht, 1941 wurden sie nach Lodz deportiert und dort ermordet. Die Schwester von Heinz Engel, Elisabeth, wurde mit ihrer Tochter Doris nach Warschau deportiert. Beide sind seither verschollen.

Dank dem Gubener Heimatforscher Andreas Peter fand ich Überlebende der Familie Engel, die heute bei Berlin leben. Von ihnen erfuhr ich, dass Fotos und Briefe von Doris in einem Archiv hinterlegt sind – Briefe, die Doris während der zwei Jahre, die sie, von ihren Eltern getrennt, in Berlin bei einer Pflegefamilie leben musste, an ihre Eltern schrieb. 65 Jahre später fand ich in diesen Briefen ein Mädchen, wie ich es hätte gewesen sein können, und mir wurde klar, dass Doris, die zwei Jahre in eine Berliner Schule ging und auf dem Grundstück ihres Onkels, bevor es verkauft werden musste, womöglich Wochenenden und Ferien verbracht hat, mit ähnlichen Erinnerungen, wie ich sie im Kopf habe, in den Tod gegangen sein mag.

Das Grenzgänger-Stipendium ermöglichte mir, in Warschau nach den Spuren von Doris Kaplan zu forschen und mir das Gebiet des damaligen jüdischen Ghettos zu erschließen. Zusammen mit meiner Übersetzerin habe ich auch die Gedenkstätte beim ehemaligen Vernichtungslager Treblinka besucht, wo Doris mit großer Wahrscheinlichkeit ermordet wurde. Die Reise hat mir bewusst gemacht, was für ein Privileg es ist, eine Rückreise antreten, wieder nach Hause kommen zu können.

Für mein Buch ist die Geschichte von Doris ein ganz zentrales Kapitel, weil es davon spricht, wie das Leben dieses Kindes, das alle Möglichkeiten zur Entfaltung gehabt hätte, durch Willkür und Grausamkeit vernichtet wird. Der Universalität eines paradiesischen Gartens steht in meinem Buch mit dem Schicksal dieses Mädchens das höllische Nichts entgegen.

[…]

Wie soll ich Dir beschreiben was für Gedanken in meinem Gehirn spazieren? Ich weiß zwar was Du meinst, aber nicht recht darzustellen.
Mutti, unter all den Fragen die ich stelle eine besondere:
wo bleibt eigentlich die Zeit? Jetzt bin ich auch schon wieder fast 2 Jahre in Berlin
davon 42 Tage bei Schlomes, aber letzteres erst um 17 ½ h am heutigen Tage.

(Aus einem Brief an ihre Mutter in Guben vom 14.3.1942)[1]

»*Many happy returns of the day!*« wünscht die neunjährige Doris ihrer Großmutter Hermine Engel 1939 zu deren 56. Geburtstag. Die Welt scheint in Ordnung zu sein: Ein Kind, das Englisch in der Schule lernt, und seinen Großeltern stolz in der fremden Sprache Postkarten schreibt. Doris kann nicht wissen, dass ihre Großmutter Hermine Engel nur noch zweimal die Wiederkehr ihres Geburtstages erleben wird: 1942 ersticken Hermine und ihr Mann Arthur in einem Gaswagen in der Nähe von Lodz. Doris kann nicht wissen, dass sie selbst die englische Sprache, und auch die deutsche, und auch alles andere, was sie in der Schule lernt, nur noch kurze Zeit brauchen wird: Sie und ihre Mutter werden zu Ostern 1942 ins Warschauer Ghetto deportiert, ab Herbst 1942 gelten sie als verschollen.

Aber auch 1939, als Doris die Karte schreibt, ist die Welt schon längst nicht mehr in Ordnung. Onkel Heinz ist bereits nach Südafrika geflohen, die Großeltern sind nach dem Verlust ihrer Fabrik und der Sperrung ihrer Konten von Guben nach Berlin übersiedelt, Doris' Vater sitzt im KZ Buchenwald, die Listen für die Einrichtungsgegenstände, die die Familie Kaplan bei der Auswanderung mitnehmen will, sind schon geschrieben.

Jenny Erpenbeck: Über das 5. Kapitel des Romans *Heimsuchung*. In: Stephanie Catani / Friedhelm Marx (Hrsg.): Über Grenzen. Texte und Lektüren der deutschsprachigen Gegenwartsliteratur, Göttingen 2015. S. 13–15. (Hervorh.: IK)

1 Die Rechte sämtlicher hier abgebildeter Dokumente […] liegen beim Moses-Mendelssohn-Zentrum Potsdam, beim Brandenburgischen Landeshauptarchiv, beim Bundesarchiv und beim Jüdischen Historischen Institut Warschau.

Arbeitsaufträge:

1. Fassen Sie den Inhalt knapp zusammen und diskutieren Sie die fiktionalen Erweiterungen der biografischen Fakten im Roman durch Erpenbeck.
2. Weshalb nennt Erpenbeck das fünfte Kapitel »ein ganz zentrales Kapitel« des Romans?

7 *Ein Loch in ihre Ewigkeit* – Geschichtetes Erzählen erschließen (Kapitel 4 und 6)

Sachanalyse

Die Geschichte um Doris wird von zwei Kapiteln flankiert, die den Zweiten Weltkrieg anhand der Erlebnisse der Frau des Architekten und des Rotarmisten thematisieren (Kapitel 4 und 6). Solche Verdichtung ist außergewöhnlich für diesen Roman, der doch eher mit größeren Zeitsprüngen operiert, weshalb die drei Kapitel vielleicht auch als »symmetrische Achse« mit Auswirkungen auf alle Kapitel betrachtet werden können.[1] Eine Besonderheit im Kapitel 6 ist dabei die direkte Konfrontation zweier Hauptfiguren.

Erpenbecks Episodenstruktur wird ja – bei Ausnahme von Kapitel 1 – von multiperspektivischen Figureneinblicken getragen, deren personale Erzählhaltung über Formen der erlebten Rede bei wenigen inneren Monologen auf eine berichtende Gewichtungsinstanz verweist. Diese ordnende Stimme ist auktorial, dabei aber zurückhaltend, nüchtern, beherrscht und nur selten räumlich allzu weit von den Figuren entfernt. »In der spürbaren Anwesenheit einer erzählerischen Hintergrundfigur entwickelt sich so [...] ein komplexes Durch- und Gegeneinander der Perspektiven«,[2] wobei fragmentarisches, nicht-chronologisches Erzählen durch zeitvariable Gestaltung, Verdichtungstechniken wie Wiederholung und Variation sowie elliptische Reduktionen lineares Voranschreiten aufspaltet bzw. im Sinne einer simultanen Existenz das Erzählte übereinanderschichtet. Somit dringt der eingeschränkte, sprunghafte Figurenfokus in den Vordergrund. Formen der auktorialen Kommentierung sind überwiegend an der verknüpfenden Komposition, der Anordnung des Erzählten, an seltenen Parallelhandlungen, Vorausdeutungen sowie kleinsten Hinweisen auszumachen, die vom Leser auszubauen sind. Die dadurch erreichte distanzierte Nähe zwischen Lesenden und Figuren sowie die Aktivierung des Lesers zur Mitgestaltung ist typisch für den Erzählstil der Autorin.

Die Frau des Architekten (Kapitel 4) wird um 1951 (R 71 | P 75) in der romantypischen Rückblendenstruktur als stets lachende und verwöhnte ›Tochter der Luft‹, abenteuerlustig, »ewig auf Tournee« (R 60 | P 64) vorgestellt. Dompteurin, Seiltänzerin will sie werden, lernt dann aber Stenotypistin und bandelt mit dem Architekten an. Nach der Hochzeit »zauberte« (R 63 | P 67) jener das Haus am See nach ihren Wünschen mit manchem doppelten Boden und märchenhaften Detail. Das macht ihre Bewegungslust zwar häuslicher, das Lachen aber bleibt im neuen »Stück Ewigkeit« (R 68 | P 72) ein dauernder Begleiter. Erpenbeck unterstreicht durch die präferierten Stilmittel der Fragmentierung und Wiederholung ein – bei mancher Bewegungsneurose – permanentes Fröhlichsein und Zeit-Totschlagen der Frau. Jene Indifferenz und Ignoranz der Figur gegenüber den zeitlichen Ereignissen[3] – »Humor ist, wenn man trotzdem lacht« (R 68 | P 71) – machen sie indirekt zu einer Stütze des Dritten Reichs.[4] Als sich dann bei ihr nach Jahren der Ignoranz und ewigen Kindheit mit den ersten deutschen Kriegsniederlagen und weit vor der Zeit die Wechseljahre einstellen,[5] scheint »ein lange vergessener Gläubiger« eine Schuld eintreiben zu wollen (R 69 | P 72). »[I]hr Herausfallen aus der Zeit«[6] lässt die weibliche Peter-Pan-Figur[7] genau in dem Augenblick alt (oder erwachsen) werden, als die Tage des Dritten Reichs gezählt sind, so dass schon hier ihre Ewigkeit ein Loch erhält, aus dem nun die Zeit fortwährend rinnen wird (R 70 ff. | P 73 ff.). Letztlich braucht es aber den Rotarmisten, der ihr das unbewusst klarmacht, indem er die »Kinderlose« (R 65 | P 69) über das Wort »Mama« (R 95 | P 100) an manches Versäumnis erinnert.

1 Leonhard Herrmann / Silke Horstkotte, *Gegenwartsliteratur. Eine Einführung*, Stuttgart 2016, S. 84.

2 Franziska Meyer, »Sommerhaus, früher: Jenny Erpenbecks *Heimsuchung* als Korrektur von Familienerinnerungen«, in: *Gegenwartsliteratur. Ein germanistisches Jahrbuch* 11 (2012), S. 327.

3 Was mit den Nachbarn geschieht, entgeht ihr (vgl. R 66 | P 69 f.); dass das Schminken eines arischen Schauspielers für eine jüdische Rolle sehr aufwändig sei, wie ein befreundeter Regisseur berichtet, nimmt sie mit Humor (vgl. R 67 | P 71).

4 Vgl. Elisabeth Krimmer, »The Representation of Wartime Rape in Julia Franck's *Die Mittagsfrau* und Jenny Erpenbeck's *Heimsuchung*«, in: *Gegenwartsliteratur. Ein germanistisches Jahrbuch* 14 (2015), S. 47.

5 Erpenbeck entwickelt um das Lebensalter der Architektenfrau ein offenes Geheimnis, so dass die Menopause unerwartet, deutlich verfrüht kommt und wohl eine Zusatzbedeutung ausstellt: Beim Verkauf des Grundstücks (ca. 1933–35) ist sie eine »junge Verlobte« (R 23 | P 25), kurze Zeit später heiratet sie den Architekten (ca. 1935; R 63 | P 67), der nach ihren Wünschen das Haus baut (ca. 1935/36; ebd.). »[A]ls die ersten Bomben auf Deutschland fielen« (ab 1940), beginnt ihr Körper zu rebellieren, was sich mit Stalingrad (1943) und dem D-Day (1944) verschlimmert (R 68 f. | P 72).

6 Withold Bonner, »Vielleicht besteht der Krieg nur in der Verwischung der Fronten. Zur Problematik dichotomer Täter- und Opferdiskurse am Beispiel von *Eine Frau in Berlin* (Anonyma) und *Heimsuchung* (Jenny Erpenbeck)«, in: *Jahrbuch Deutsch als Fremdsprache* 37 (2011), S. 37.

7 Krimmer (s. Anm. 4), S. 50.

Erpenbeck hat zum dann folgenden Skandalon des Romans, der Vergewaltigung im verborgenen Wandschrank, eine klare Position bezogen, die in den bisherigen Forschungsbeiträgen nicht wirklich diskutiert wurde. Die Vergewaltigung, so Erpenbeck, sei eher die »des Rotarmisten durch die deutsche Frau als umgekehrt«, hier brächen Dinge aus der Frau aus, die in der Geschichte, die ihr gewidmet sei, nicht vorkämen. Auch habe sie, Erpenbeck, sich automatisch mit dem Rotarmisten identifiziert.[8] Entsprechend bereitet sie ihn gewissenhaft auf diese Schlüsselszene vor.

Der Rotarmist (Kapitel 6) ist ein »Junge« mit »kindliche[m] Körper«, der sich, nachdem die Deutschen beim Überfall auf die Sowjetunion seine Familie getötet haben, mit 15 Jahren freiwillig zur Roten Armee meldet (R 89 f. | P 94 f.). Nun, im April 1945 (R 69 | P 73), ist er bereits Major und wütet »in der Fremde, die er sonst sicher niemals in seinem Leben betreten hätte« (R 90 | P 95). Er versteht nicht, warum die Deutschen, da sie doch alles haben, nach Russland kamen. Folglich sind Wut und Rache im Kampf mit dem Feind sein Credo, aber am Vandalismus seiner Kameraden und deren »Benutzung von Frauen« (R 94 | P 99) nimmt er nicht teil, pornografische Fotos interessieren ihn nicht (R 97 | P 102). Sein einfaches, dörfliches Weltbild wird in der deutschen Moderne permanent irritiert, seine schüchterne Vorstellung von Liebe ist auch nach mehreren Jahren an der Front noch nicht verdorben. Bevor er der Frau des Architekten entgegentritt, verbindet er den überall wahrnehmbaren Geruch von ihr (nach Kampfer und Pfefferminz) mit Krankheit, Reife und Frieden (R 94 | P 99), was ihn wohl an seine Mutter erinnert.

Dieser idealisierte »Rotarmist« steht synekdochisch für die Sowjetarmee, die Szene nach der Autorin stellvertretend für das ›Zusammenkrachen‹[9] der brutalen kriegerischen Begegnung der Sowjetunion mit dem faschistischen Deutschland, das hier durch die Frau des Architekten verkörpert wird. Der Sexualakt der beiden wird schließlich von der Frau gefordert und bestimmt. Warum sie das tut, ist so eindeutig nicht zu sagen. Darf man es als eine symbolische Anspielung darauf verstehen, dass Deutschland 1941 die Sowjetunion angegriffen hat? Ist es ein Hinweis auf ihre Rache für den verlorenen Krieg, das Wort »Mama«, das sie zum Feind überlaufen lässt (R 70 | P 73 f.), die Reduktion einer Frau auf die Mutterrolle oder ihre späte Einsicht eigener Versäumnisse? Ist es die Umsetzung der Erkenntnis, »daß ein Abenteuer eigentlich immer nur darin besteht, sich dem auszusetzen, was einem fremd ist« (R 64 | P 68), ein inzestuöses Verlangen oder doch nur die Übernahme der Führung beim Gang ins Unvermeidliche? Der Erzähler weiß es auch nicht und bemäntelt seine Einschätzungen mit »vielleicht« (R 95 | P 100 f.) und einem unentschlossenen »Sieg reibt sich an Niederlage, und Niederlage an Sieg« (R 98 | P 103).

Es ist natürlich klar, dass das Umdrehen des Topos Massenvergewaltigungen an deutschen Frauen durch die Rote Armee im Jahr 1945 ein gewagtes Unterfangen ist. Erpenbeck weiß das wohl, macht Auswege möglich und will doch den ursprünglichen Aggressor nicht gänzlich verschwinden lassen. Trennlinien verschwinden im Krieg, Opfer und Täter werden zu einer Frage der Perspektive und diese Perspektiven selbst sind verzogen und leidlich unscharf. Ob Erpenbeck mit der Umdeutung nun »ein neues Modell historischen Gedächtnisses«[10] im Auge hat, ob in Erinnerung an die Millionen sowjetischer Kriegsopfer der »gesamtdeutsche Gedächtnisdiskurs«[11] geschärft oder nur eine überraschend neue Sicht auf Sieg und Niederlage im Krieg thematisiert werden soll, muss hier offenbleiben.

Interessant ist vielmehr, dass die vertraute und sonst getrennte narrative Schichtung von Figuren im Kapitel 6 einmal durch eine direkte Handlungskonfrontation zweier Hautfiguren aufgelöst wird. Dass die Folge einer solchen Begegnung in diesem Roman nur eine erneute ambivalente, irritierend offene Schichtung präsentiert, ist freilich kaum verwunderlich. Erpenbeck: »Was mich […] sehr interessiert, ist, die gängige Bewertung bestimmter Situationen […] aufzuheben – etwas noch einmal von der anderen Seite anzuschauen.«[12] Wenn schließlich die Frau des Architekten das Haus an verwandte Frauen, »[j]edenfalls keinem Mann«, vererbt (R 72 | P 76), kann dies als Schuld missbrauchender Männer gedeutet werden oder als Reaktion der Frau auf ihre eigene, verstörende Gewalttat.

8 Jenny Erpenbeck / Jan Bürger, »Gespräch über die Entstehung des Romans«, in: *Geschichten aus einem Haus* [Lesung und Gespräch am 28. 5. 2008 im Deutschen Literaturarchiv Marbach)], www.dichterlesen.net/veranstaltungen/detail/geschichten-aus-einem-haus-2053 (Stand: 13. 12. 2023).

9 Vgl. ebd. (Transkription: **ARBEITSBLATT 7**).

10 Anke S. Biendarra, »Jenny Erpenbecks Romane *Heimsuchung* (2008) und *Aller Tage Abend* (2012) als europäische Erinnerungsorte«, in: Friedhelm Marx / Julia Schöll (Hrsg.), *Wahrheit und Täuschung. Beiträge zum Werk Jenny Erpenbecks*, Göttingen 2014, S. 139.

11 Bonner (s. Anm. 6), S. 39.

12 Jenny Erpenbeck, »›Ich denke viel über Übergänge nach.‹ Im Gespräch mit Alfons Huckebrink und Frank Lingnau über Grenzen und Grenzüberschreitungen«, in: *Am Erker* 61 (Juni 2011), https://amerker.de/int61.php (Stand: 29. 12. 2023).

Unterrichtsverlauf

Überblick. Über die exemplarische Verdeutlichung der Erzählschichtung zwischen dem vierten und sechsten Kapitel untersuchen die Schülerinnen und Schüler die narrative Gestaltung einiger Kapitelauszüge des Romans. Die dabei erworbenen Erkenntnisse werden schließlich in einer Wirkungsanalyse der Wandschrankszene vertieft und über Zusatzinformationen interpretiert.

Phase	Thema	Sozialform	Kompetenzen/Lernziele	Materialien
Voraussetzungen: Textkenntnis des Romans				
7.1	Einstieg: Exemplarische Verdeutlichung des narrativen Schichtungsprinzips und erster Ordnungsversuch	UG / PA / LV	• Schichtung von Raum und Zeit durch Erinnerungen und Informationsökonomie wahrnehmen • Zusammenhänge lesen und deuten • Modus des Erzählens beurteilen • Wirkungen diskutieren	VORLAGE 7a ➤ S. 67 VORLAGE 7b ➤ S. 68
7.2	Erarbeitung 1 / Textarbeit: Untersuchung verschiedener Kapitelauszüge auf deren Erzählgestaltung	PA / GA	• Exemplarisch ein Kapitel narratologisch untersuchen und strukturieren	VORLAGE 7a ➤ S. 67 VORLAGE 7c ➤ S. 68 TAFELBILD 7 ➤ S. 69
7.3	Sicherung: Narrative Tendenzen des Romans	SV / UG	• Ergebnisse zusammenführen und strukturieren	TAFELBILD 7 ➤ S. 69
7.4	Erarbeitung 2: Die Wandschrankszene im Analysegespräch	SV / UG	• Szene narrativ analysieren • historische und fiktionale Wahrheiten diskutieren • Reaktionen zur Szene einschätzen	VORLAGE 7d ➤ S. 71
7.5*	Vertiefung: »Die Sachen nochmal so umgedreht« – Auslegungen eines ›Skandals‹	UG / EA	• Szenenwirkung einschätzen • Intentionen der Autorin und Zuschreibungen der Sekundärliteratur kennenlernen und beurteilen • Fremd- und Eigendeutungen diskutieren	ARBEITSBLATT 7 ➤ S. 72 f. VORLAGE 7d ➤ S. 71

Hinweis. Das historische Faktum der massenhaften Vergewaltigungen deutscher Frauen durch die Rote Armee während der Vertreibung Deutscher aus den deutschen Ostgebieten, rund um die »Schlacht um Berlin« und vereinzelt in der Sowjetischen Besatzungszone bis 1947 sollte zumindest einmal erwähnt werden. Basisinformationen sind u. a. in Wikipedia zu finden (https://de.wikipedia.org/wiki/Sexuelle_Gewalt_im_Zweiten_Weltkrieg), weiterführende Literatur mit Kommentierung unter www.bundestag.de/resource/blob/872014/6f0f8229e7337 6473c576aa0aba143b2/WD-1-023-21-pdf-data.pdf (Stand: 30.12.2023). Erpenbecks Äußerung zum beabsichtigten Gegentext (»das nochmal andersherum anzuschauen«; Erpenbeck/Bürger, s. Anm. 8; ARBEITSBLATT 7) gibt hier einen Hinweis auf die eigentliche Realität, weshalb die Empörung, die die Ausführung im Roman vereinzelt auslöste, auf diese Weise historisch erläutert werden kann.

7.1 Einstieg: Exemplarische Verdeutlichung des narrativen Schichtungsprinzips und erster Ordnungsversuch

UG / PA / LV

VORLAGE 7a ➤ S. 67
VORLAGE 7b ➤ S. 68

Unterrichtsschritt. Nach Lektüre des Textauszugs (VORLAGE 7a *Die Frau des Architekten und der Rotarmist*) sowie kurzer Figuren- bzw. Kapiteleinordnung beginnt ein Unterrichtsgespräch über Form und Bedeutung des Absatzes. Anschließend werden die farblich hervorgehobenen Kontexte über die Fragen fokussiert, worauf mit Vorlage der Bezugsinhalte (VORLAGE 7b *Textbezüge*) die Schüler in einer Recherche offene Fragen klären. Die anschließende Neudeutung geht schließlich in einen kurzen Lehrervortrag zum Schichtungsprinzip des Romans über.

Erläuterungen. Erpenbecks Romanprinzip der intern fokalisierten Schichtung (Begriff »Fokalisierung« nach Gérard Genette bezeichnet das Verhältnis von Erzähler- und Figurenwissen) prägt fragmentarisch, sprunghaft und mählich die Handlungsentwicklung des Textes. Eine solche Retardierung der Erzählung wie im vierten Kapitel – Aufschub der Aufklärung (Kapitel 6), dazwischen gelegtes Doris-Kapitel – ist allerdings die Ausnahme. Dennoch wird gerade hier die Grundidee von Auslassung, Andeutung und Aufschub zur Rezipientenaktivierung besonders deutlich, weshalb das ›kreisende Anreichern‹ gut veranschaulicht werden kann: Das Wort »Mama« durch den Rotarmisten löst in der Architektenfrau eine Assoziationskette der Zusammenhänge aus (VORLAGE 7a) und führt »mit aller Gewalt« zu einer unerhörten Handlung. Ihr zeitverlorenes Dasein als abenteuernde »Zirkusprinzessin« und ewig »lachendes« Kind wird durch die plötzliche Menopause zwar gestört, aber offensichtlich noch nicht als beendet erkannt. Erst durch das »Wort« wird ihr die/ihre Endlichkeit bewusst, erhält die »Ewigkeit« ihres Versteckspielens und Seiltanzens ein »Loch«, aus dem die Zeit rieselt. Nicht der im »Schrank« vollzogene Sexualakt – offenbar von ihr »mit aller Gewalt« (R 70 | P 73) gesucht –, sondern ihre Versäumnisse in der Vergangenheit beenden endgültig ihre kindliche Ewigkeitssuche. Warum die Frau des Architekten dafür am Kapitelende Männern ein Erbe verweigert, kann als Projektion des eigenen Versagens gedeutet werden oder muss »bis in alle Ewigkeit« ihr und Jenny Erpenbecks Geheimnis bleiben.

Denn natürlich bleiben Fragen offen: Warum trauert sie dem verlorenen Mutterstand nach? Zimmer sind für Kinder im Haus nicht vorgesehen (R 63 | P 67), Hitlers Frauenbild findet sie unmöglich (R 71 | P 74), »auf ihre Art«, sagt ihr Mann, sei sie diesbezüglich auch im Widerstand gewesen (R 71 | P 75). Das Wort »Mama« selbst ist für sie »undenkbar« und »entmachtet« sie (R 69 f. | P 73). Wer also ist der »Feind«? Die »slawischen Horden« (R 69 | P 73)? Das russische »Söhnchen« (R 96 | P 101)? Ihr Mann, der ihr mit dem Haus einen »zu Diensten stehenden Dämon zauberte« (R 63 | P 67) und beim Witzeerzählen gut mit ihr kooperiert? Männer an sich? Die gesellschaftlichen Reproduktionsforderungen an eine Frau? Oder vielleicht die »entmachtende« Sexualität? Man muss die Entscheidung dem Leser überlassen, denn, so Erpenbeck, »das Verschwiegene [führt] seine verschwiegene Existenz im Stillen weiter« (Jenny Erpenbeck, »Zur ›Geschichte vom alten Kind‹. Bamberger Vorlesung I (2013)«, in: J. E., *Kein Roman. Texte und Reden 1992–2018*, München 2018, S. 148).

VORLAGE 7a

Die Frau des Architekten und der Rotarmist

Vorher

Unfruchtbarer Körper ?

Lachen, steht Wort im Weg ?

Schrank, verborgen ?

Zirkusprinzessin ?

Sie will das Wort nicht denken, das Wort, mit dem er sie rief, das undenkbare Wort, mit dem er für alle Ewigkeit ein Loch in ihre Ewigkeit bohrte. Ihr zu dieser Zeit schon unfruchtbarer Körper hatte ihn, der das Wort gewußt hatte, das sie entmachtete, mit aller Gewalt an sich gerissen und ungefähr für die Dauer einer Geburt ihr Lachen, das ihm so lange im Weg gestanden hatte, erstickt, in dieser Nacht in dem verborgenen Schrank, den ihr Mann eigens für sie gebaut hatte, weil sie es sich damals, als sie noch eine Zirkusprinzessin war, so wünschte, war sie endlich zum Feind übergelaufen. (R 70 | P 73 f.)

Das Wort ?

Ewigkeit mit Loch ?

Er, ihn, Feind ?

Mit Gewalt an sich gerissen ?

Nacht im verborgenen Schrank ?

Nachher

VORLAGE 7b

Textbezüge

Lachen, steht Wort im Weg

Der Architekt (2)
R 32, 40 | P 36, 42
Die Frau des Architekten (4)
R 60f., 63–67, 70f. | P 64f., 67–71, 74f.

verborgener Schrank – Nacht

Der Architekt (2)
R 33 | P 36
Die Frau des Architekten (4)
R 63, 68, 70 | P 67, 71f., 73
Der Rotarmist (6)
R 92–96, 98f., 101 | P 97–101, 103f., 105
Der Kinderfreund (10)
R 156 | P 162
Die unberechtigte Eigenbesitzerin (11)
R 171, 173–175 | P 176f., 179–181

»das Wort«

Der Rotarmist (Kapitel 6)
R 95 | P 100

Sie will das Wort nicht denken, das Wort, mit dem er sie rief, das undenkbare Wort, mit dem er für alle Ewigkeit ein Loch in ihre Ewigkeit bohrte. Ihr zu dieser Zeit schon unfruchtbarer Körper hatte ihn, der das Wort gewußt hatte, das sie entmachtete, mit aller Gewalt an sich gerissen und ungefähr für die Dauer einer Geburt ihr Lachen, das ihm so lange im Weg gestanden hatte, erstickt, in dieser Nacht in dem verborgenen Schrank, den ihr Mann eigens für sie gebaut hatte, weil sie es sich damals, als sie noch eine Zirkusprinzessin war, so wünschte, war sie endlich zum Feind übergelaufen. (R 70 | P 73f.)

»Zirkusprinzessin« (Seiltänzerin, Dompteurin)

Die Frau des Architekten (4)
R 60–62, 65, 70 | P 64–66, 69, 73

Feind, er, ihn

Der Rotarmist (6)
R 94–96, 98f. | P 99–101, 103f.

Mit Gewalt an sich gerissen

Die Frau des Architekten (4)
R 61, 68f., 71f. | P 65, 72, 75f.

Ewigkeit mit Loch

»unfruchtbarer Körper«

Die Frau des Architekten (4)
R 68f., 70 | P 72, 73

7.2 Erarbeitung 1 / Textarbeit: Untersuchung verschiedener Kapitelauszüge auf deren Erzählgestaltung

PA / GA

VORLAGE 7a
➤ S. 67
VORLAGE 7c
➤ S. 68
TAFELBILD 7
➤ S. 69

Unterrichtsschritt. »Wer spricht hier eigentlich?«, fragt die Lehrkraft, worauf der erweiterte Beispieltext (VORLAGE 7a, R 70 | P 73f.) zunächst narratologisch bestimmt und die mittlere Spalte von TAFELBILD 7 erstellt wird. Ein Fokus auf das Kapitelende (R 71f. | P 76) erweitert den personalen Erzählmodus; spontane Schüleräußerungen zum auktorialen Zukunftsblick werden in eine arbeitsteilige Gruppenarbeit anhand der auf VORLAGE 7c ***Gruppenarbeit*** genannten Textauszüge überführt.

VORLAGE 7c

Gruppenarbeit

Untersuchen Sie in Ihrer Gruppe eines der folgenden Kapitel:

- **Gruppe 1: Gärtner-Kapitel**
  R 43–44, 59, 119–121
  P 46–47, 62–63, 124–126
- **Gruppe 2: Kapitel 3 »Der Tuchfabrikant«**
  R 57–58
  P 60–61
- **Gruppe 3: Kapitel 5 »Das Mädchen«**
  R 82–84, 87
  P 87–89, 91–92

Arbeitsauftrag: Untersuchen Sie die angegebenen Textstellen hinsichtlich ihrer jeweiligen Erzählhaltung und -perspektive. Notieren Sie dabei Auffälligkeiten bei der Orts- und Zeitdarstellung.

TAFELBILD 7

Erzähler

neutral	**personal**	**auktorial**
Gärtnerkapitel	**Figurenkapitel**	
Chronologischer Handlungsfokus Erzählerbericht • Aufgaben • Beschreibung • Bericht der Dorfgerüchte	*Nicht-chronologische Figurenerinnerungen* Figurenassoziationen • Rückblenden • Introspektionen (erlebte Rede, innerer Monolog)	*Chronologische Figurenanordnung* Erzählerbericht • Vorausblenden und Ortswechsel • Kommentare / Einschätzungen
faktisch *stetig*	eingeschränkt *sprunghaft*	zurückhaltend *sporadisch*
Wiederholung + Variation vs. Auslassung + Andeutung		
Natürlicher Fluss	Historisch-menschliche Wendungen / Übergänge	

Fragmentierung

Leseraktivierung

(Ordnung, Ergänzung, Füllung, Reflexion)

Erläuterungen. Erpenbecks Wirkungsabsicht der distanzierten Nähe und Leseraktivierung wird unter anderem auch durch die gewählten Erzählhaltungen erzielt. Ist ab Kapitel 2 die auktoriale Komposition der Episodenanordnung bereits ein bewusster Gewichtungs- und Schichtungshinweis (1951 –1935 ff. – 1951 – 1942/43 – 1945 – 1973 ff.), so sind die dortigen personalen Perspektivierungen mit ihren assoziativen Zeitsprüngen ein Ordnungsauftrag bei gleichzeitiger Einfühlungsoption. Und obwohl in den Hauptfigurenkapiteln die Darbietungsform der erlebten Rede zweifellos federführend ist, ist die gewählte Art (3. Person Singular Präsens, selten durchbrechender persönlicher Sprechstil der Figur) zumeist von einem Erzählerbericht nicht allzu weit entfernt und lässt in den Reflexionsphasen auch an einen kommentierenden Erzähler denken. Somit bleibt selbst auf dieser Ebene das Schichtungsprinzip manifest und ist die Gewichtungsentscheidung des Rezipienten zur Nähe oder Distanz durchgängig vonnöten.

7.3 Sicherung: Narrative Tendenzen des Romans

Unterrichtsschritt. Die Arbeitsgruppen stellen ihre Ergebnisse vor und gestalten die Erweiterung von TAFELBILD 7. Die Auswirkungen der erarbeiteten Erzählhaltungen auf den Akt des Lesens werden anschließend besprochen: SV / UG

TAFELBILD 7 ➤ S. 69

- Wie wirkt sich die jeweilige Erzählgestaltung auf den Leser aus?
- Welche Funktion erfüllen Darbietungsformen wie Wiederholung und Variation, Auslassungen und Andeutungen?
- »Aber es ist nicht unbedingt so, wahrscheinlich sogar nur in den seltensten Fällen so, dass man mit dem Viel-Sagen der Wahrheit näher kommt als mit dem Wenig-Sagen« (Jenny Erpenbeck, »Zur ›Geschichte vom alten Kind‹. Bamberger Vorlesung I (2013)«, in: J. E., *Kein Roman. Texte und Reden 1992–2018*, München 2018, S. 147 f.). Was meint Erpenbeck mit diesem Satz?

Erläuterungen. Das Wenig-Sagen (und damit das Belassen von Leerstellen) ist demnach der Wahrheit näher, auch der Wahrheit des jeweiligen Lesers. Diesen zu aktivieren, ist für Erpenbeck keine Drangsalierung des Publikums, sondern vielmehr notwendige Erschließungsarbeit bei der Suche nach der immanenten Wahrheit des Textes. Natürlich gibt es Hinweise, Vertiefungsangebote und Schwerpunktsetzungen (Auswahl, Wiederholung und Variation) der Autorin, gleichwohl keine Leitidentität einer auktorial selbstbewussten »voice of god«, der man sich vertrauensvoll anschließen kann. Erpenbecks Texte machen Angebote ohne moralische Auflösung, gewähren Nähe, ohne die Distanz völlig aufzuheben, und bleiben auch dann noch sachlich kühl, wenn Hitziges verhandelt wird. Entrüsten muss sich der Leser, die Leserin schon selbst. So wird das Fragment sowohl zum gewichteten Inhalt (Auswahl) als auch zur Arbeitsanweisung (Bezüge, Zusammenhänge), werden Auslassungen und Andeutungen zum Recherche- und Reflexionsappell. Die Narration eines in der Zeit schichtweise veränderten Raums entwickelt sich zur geschichteten Raumzeit, dem spezifischen Erpenbeck'schen Chronotopos, den der Leser, die Leserin zu entwirren hat.

7.4 Erarbeitung 2: Die Wandschrankszene im Analysegespräch

SV / UG

VORLAGE 7d

➤ S. 71

Unterrichtsschritt. Nach erneuter Lektüre der Wandschrankszene (R 94–96, 98 f. | P 99–101, 103 f.) wird die Szene hinsichtlich des Inhalts und der narrativen Struktur besprochen. Die folgende Konzentration auf die (vom Erzähler?, von der Figur des Rotarmisten?) unschlüssige Kommentierung der Handlung (VORLAGE 7d ***Unschlüssige Beurteilungen im Kapitel 6***) wird für ein Unterrichtsgespräch über das Skandalöse des Inhalts genutzt, wobei ein Lehrervortrag Bezüge zu den gegenläufigen historischen Tatsachen (Massenvergewaltigungen der Roten Armee) verdeutlichen sollte. Leitfragen können sein:

- Wer vergewaltigt hier wen? Woran machen Sie das fest?
- Wer spricht hier in den unschlüssigen Beurteilungen?
- Wie beurteilen Sie die Kapitelentwicklung hin zur Auflösung: Frau des Architekten, Mädchen, Rotarmist?
- Warum wird den historischen Tatsachen nicht gefolgt?

Erläuterungen. Die Szene im Wandschrank ist eine der wenigen zeitdeckend erzählten Handlungen des Romans und damit schon per se gewichtet. Sie ist zudem in Bezug auf den Kontrast zwischen Sujet und historischer Wahrheit eine unerhörte Begebenheit, deren szenische Offenheit und explizite Darstellung irritieren. Auf der Handlungsebene werden in den zeitdeckenden Ablauf des Erzählerberichts stets zeitdehnende Formen (erlebte Rede, innerer Monolog) und zeitlose Kommentare eingearbeitet, so dass bei nicht immer klarer Sprecherfixierung (Rotarmist, Erzähler?) eine starke Involvierung und zugleich Distanzierung des Lesers erfolgt. Das hängt zudem mit den unschlüssigen Einschätzungen der Kommentarinstanz zusammen, was über die VORLAGE 7d mit den Schülerinnen und Schülern zu besprechen ist. Ebenfalls von Bedeutung ist das dazwischengestellte Kapitel von Doris, deren Ermordung auch als Konsequenz aus der (für die gesamte damalige deutsche Gesellschaft zu beobachtenden) Gleichgültigkeit der Frau gelesen werden kann und deren Versteck in Warschau im Wandschrank am Scharmützelsee eine Spiegelung erfährt.

7.5 Vertiefung: »Die Sachen nochmal so umgedreht« – Auslegungen eines ›Skandals‹*

UG / EA

VORLAGE 7d

➤ S. 71

ARBEITSBLATT 7

➤ S. 72 f.

Unterrichtsschritt. Die Schüler und Schülerinnen äußern sich über persönliche Empfindungen und Einschätzungen zur Wandschrankszene. Erste Vermutungen über die Rezeption der Szene beim Erscheinen von *Heimsuchung* 2007 werden durch Informationen zu Pressereaktionen und Rezensionen präzisiert (ARBEITSBLATT 7 ***Zur Wandschrankszene***, 1.) und dann in ein Gespräch über Absicht und Bedeutung der Handlungsgestaltung überführt. Darauf erhalten die Schülerinnen und Schüler das ARBEITSBLATT 7 und informieren sich über die unterschiedlichen Zuschreibungen durch Erpenbeck selbst (ARBEITSBLATT 7, 2.) und die Sekundärliteratur (3.). Diese Zuschreibungen werden abschließend im Unterrichtsgespräch und unter Rückgriff auf den Primärtext kritisch erörtert und eventuell in die VORLAGE 7d integriert.

Erläuterungen. Erpenbeck erwähnt zunächst ihr generelles Interesse an Umdeutungen (»andersherum«) und erläutert dann neben der Figurenanlage (Mutter – Sohn, Lachen und Gewalt) die Schuldanhäufung der versteckenden Deutschen (»Fassade«, aggressives Kriegführen trotz Wohlstand). Die Sekundärliteratur geht darauf ein.

VORLAGE 7d

Unschlüssige Beurteilungen im Kapitel 6

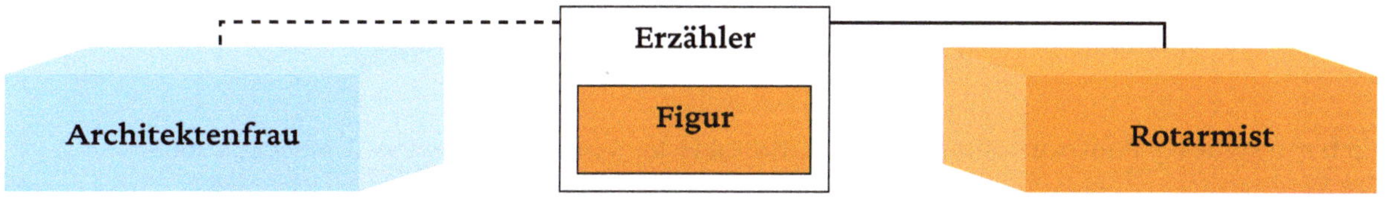

Architektenfrau	Figur	Rotarmist
vielleicht nur deswegen zwischen ihre Beine schiebt, weil sie weiß, daß der Soldat eine *Waffe* hat, und es *klüger* ist, sich nicht zu wehren (R 95 | P 100)	*Vielleicht* besteht der **Krieg** nur in der Verwischung der Fronten (R 95 | P 100)	*vielleicht* nur aus *Angst* vor der Frau (R 95 | P 100)
Es fehlt nicht viel, und sie würde ihn mit einem kleinen Klaps auf den Po zum Schrank hinausschieben, wie eine *Mutter*, die ihr *Söhnchen* auf den Weg zur Schule verabschiedet (R 96 | P 101)	*vielleicht* besteht darin der **Krieg**, daß immer einer aus Angst vor dem andern die Führung übernimmt, und dann wieder umgekehrt, und immer so weiter (R 95 | P 100)	Aber *vielleicht* ist es gerade seine *Schwäche*, die die Frau viel wirksamer entwaffnet, als es *Gewalt* vermocht hätte (R 96 | P 101)
	Sieg reibt sich an **Niederlage**, und Niederlage an Sieg, und Schweiß, und Säfte zwischen den Völkern, und spritzen, spritzen, bis alles Leben herausgespritzt ist, der letzte Schrei in allen Sprachen der gleiche (R 98 | P 103)	

(Hervorhebungen von I. K.)

Krimmer (2015) präzisiert z. B. die Beziehung zwischen dem Schrankversteck und dem versteckten Völkermord (»the hidden nature of the Nazi genocide«) und erwähnt die Ambivalenz von Gewalt und Verführung; Biendarra (2014) erkennt wie ansatzweise Krimmer ein »neues Modell historischen Gedächtnisses« (Ursprung des deutschen Angriffs, der deutschen Schuld); Bonner (2011) fokussiert auf das »Inzestuöse«, die dahinterstehende Sehnsucht und bewertet die Opfer-Täter-Zuschreibung als Aushandlungskampf der Figuren. Grabbe (2014) schließlich liest genau (s. VORLAGE 7d) und erkennt als »›eigentlichen Täter‹ […] den Krieg« bzw. die Vergewaltigung als »Metapher für den Krieg«.

Zur Wandschrankszene

1. Rezensionen/Presse (2008):

- »peinlich missglückte Politpornographie« (Martin Halter, in: *Frankfurter Allgemeine Zeitung*, 23.2.2008).
- »eine Vergewaltigung [schlägt] in eine ruppige Liebesszene [um]« (Rainer Moritz, in: *Die Welt*, 2.2.2008).
- »Neigung zu pornographischem Kitsch« (Kristina Maidt-Zinke, in: *Süddeutsche Zeitung*, 10.2.2008).
- »Auf die unappetitlichen Einlagen im Schrankzimmer der Großmutter hätten wir aber ganz gut verzichten können« (Beatrix Langner, in: *Literaturen* 3, 2008).

2. Jenny Erpenbeck im Literaturgespräch (2008):

Jenny Erpenbeck: »Ich fand einfach, dass der Rotarmist und das deutsche Volk irgendwie an einer Stelle zusammenkrachen müssen. Ich habe da etwas gemacht, was ich ganz gerne mache, nämlich die Sachen nochmal so umgedreht […]: Es ist also eher die Vergewaltigung des Rotarmisten durch die deutsche Frau als umgekehrt. So was interessiert mich immer mehr, das nochmal andersherum anzuschauen. Es ist irgendwie leicht gesagt: eine Vergewaltigung. So als Wort ist das schnell gesagt. Aber so ein Vorgang dauert ja und in der Dauer gibt's, glaube ich, ganz viele Momente, wo Sieg und Niederlage so hin und her wechseln. Das ist der eine Aspekt. Natürlich ist auch ein Aspekt, dass sie eine Frau ohne Kind und er ein Sohn ohne Mutter ist. Dann gibt's noch diesen Aspekt, der so in ihre Geschichte mit reingehört, dass sie eigentlich so eine Frau ist, die ihr ganzes Leben lang lacht, und das plötzlich so ein Moment ist, wo man sie von einer ganz anderen Seite sieht, also auch von der Psychologie her irgendwie sowas für mich war, was für mich für die Figur dieser Frau wichtig war, weil sonst hätte die mich eigentlich nicht so interessiert. Und plötzlich kriegt man mit, dass da noch so Dinge ausbrechen, die in der ganzen Geschichte, die ihr gewidmet ist, gar nicht vorkommen, so gut wie gar nicht. […] Das ist natürlich eine erfundene Geschichte und ich fand aber […] dieses ewige Verstecken und diese ewige Fassade, ich meine, da kriegt man irgendwann wirklich Aggressionen und will das mal knacken. Insofern habe ich mich irgendwie mit dem Rotarmisten automatisch identifiziert. […] Diese Verzweiflung zum Beispiel, dieses Nicht-verstehen-Können, warum Leute, die im Wohlstand leben und alles haben, plötzlich noch rausgehen und anfangen, Kriege zu führen und Länder zu besetzen, diese Aggressivität, die hat mich eben auch interessiert, und ich habe gefunden, das muss auch irgendwie erzählt werden.«

Jenny Erpenbeck / Jan Bürger: Gespräch über die Entstehung des Romans. In: Lesung – Geschichten aus einem Haus (28.5.2008), Deutsches Literaturarchiv Marbach. www.dichterlesen.net/veranstaltungen/detail/geschichten-aus-einem-haus-2053 (Stand: 23.11.2023; Transkription, Originalwortlaut behutsam angepasst).

3. Aus der Sekundärliteratur:

Katharina Grabbe, 2014:
Die Begegnung zwischen der Frau des Architekten und dem jungen russischen Soldaten in dem »verborgenen tiefen Schrank« […] wird […] als gegenseitige Vergewaltigung und gleichzeitig Metapher für den Krieg lesbar. […] Während es Teil der öffentlichen Auseinandersetzung wurde, wie die Leiden der deutschen Zivilbevölkerung zu bewerten seien, ob sie als »Opfer« zu behandeln seien, obwohl sie ja zu den »Tätern« gehörten, fügt der Roman dieser Debatte um die Täter-Opfer-Relationen einen weiteren Aspekt hinzu, wenn in der Figur des jungen Soldaten Vergewaltiger und Vergewaltigungsopfer in eins fallen. Zum »eigentlichen Täter« wird in dieser Lesart der Krieg – und damit »die Umstände«, die die Verantwortung des Einzelnen relativieren und Täter- und Opferschaft ununterscheidbar werden lassen.

Katharina Grabbe: Deutschland – Image und Imaginäres. Zur Dynamik der nationalen Identifizierung nach 1990. Berlin: de Gruyter 2014. S. 248 f.

Elisabeth Krimmer, 2015:
Erpenbeck situates the rape in the larger context of German war crimes in the East. Secondly, Erpenbeck shows us a Russian soldier, who is overwhelmed by the immensity of German material wealth. […] Finally, the text creates a parallel between the wife's hiding place and the hidden nature of the Nazi genocide. […] The narrative of the rape as told from the perspective of the Rotarmist raises doubts whether we are dealing with an act of violence or of seduction […]. Interestingly, this is typical of rape narratives told from the perspective of the perpetrator. […] *Heimsuchung* succeed in portraying rape without falling into the trap of highlighting German suffering while minimizing German guilt.

Elisabeth Krimmer: The Representation of Wartime Rape in Julia Franck's *Die Mittagsfrau* und Jenny Erpenbeck's *Heimsuchung*«. In: Gegenwartsliteratur. Ein germanistisches Jahrbuch 14 (2015), S. 47–52.

Anke S. Biendarra, 2014:
Einerseits bietet der begehbare Wandschrank im Haus Schutz und Geborgenheit, andererseits erweist er sich als Falle, die durch den Geruch versteckter Menschen und austretenden Urins sowohl Doris als auch der Frau des Architekten zum Verhängnis wird. Objekte spielen in Erpenbecks Werk grundsätzlich eine wichtige Rolle; […] Gleichzeitig ist der Darstellung auch hier eine bewusste Ambiguität eingeschrieben, denn in der Vergewaltigungsszene verschwimmen die Linien klar zuschreibbarer Schuld. Ist ein sexueller Übergriff gemeinhin mit männlicher Gewalt konnotiert, so könnte man hier ebenso gut behaupten, dass die Frau den sexuell unerfahrenen 15-jährigen Soldaten vergewaltigt […]

Heimsuchung gestaltet somit ein neues Modell historischen Gedächtnisses. Indem der Roman Elemente eines kulturell gegebenen und bekannten Diskurses auswählt und auf sehr spezifische Weise ästhetisch bearbeitet, eröffnet er den Lesern ungewohnte Perspektiven und rekonfiguriert vorherrschende Versionen des kulturellen Gedächtnisses.

Anke S. Biendarra: Jenny Erpenbecks Romane *Heimsuchung* (2008) und *Aller Tage Abend* (2012) als europäische Erinnerungsorte. In: Friedhelm Marx / Julia Schöll (Hrsg.): Wahrheit und Täuschung. Beiträge zum Werk Jenny Erpenbecks, Göttingen 2014, S. 138–140.

Withold Bonner, 2011:
Was »für alle Ewigkeit ein Loch in ihre Ewigkeit bohrte« […], ist nicht die Penetration im gewalttätigen Geschlechtsakt durch den jungen russischen Offizier, es ist vielmehr das Wort, mit dem er sie, die Kinderlose anruft […]. Ohne zu wissen, was er sagt, redet er sie mit »Mama« an […]. Die Anrede erinnert sie erneut an ihre Zeitlichkeit und damit an ihre Schuld. […] Dabei wird der erzwungene Geschlechtsakt zu einem Kampf, bei dem unentschieden bleibt, wer wem aus welchen Motiven heraus Gewalt antut. […] Das Inzestuöse des Aufeinandertreffens […] macht beide zu Angehörigen ein- und derselben Familie. Einen Augenblick repräsentieren beide für einander das, was ihnen am meisten zu fehlen scheint – Mutter und Sohn […]. Gleichzeitig scheint der Kampf, den sie untereinander austragen, nicht zuletzt ein Kampf darum zu sein, wer in dieser konkreten Szene als Opfer und wer als Täter angesehen werden kann.

Withold Bonner: Vielleicht besteht der Krieg nur in der Verwischung der Fronten. Zur Problematik dichotomer Täter- und Opferdiskurse am Beispiel von *Eine Frau in Berlin* (Anonyma) und *Heimsuchung* (Jenny Erpenbeck)«. In: Jahrbuch Deutsch als Fremdsprache 37 (2011), S. 37 f.

Arbeitsauftrag: Welche Bedeutungsaddition findet nach Meinung der Verfasserinnen und Verfasser innerhalb der Vergewaltigungsszene statt? Beurteilen Sie jeweils, ob dies in der tatsächlichen Textgestaltung gelingt.

8 *Verschwistert sich die Zeit mit sich selbst* – Den Umgang mit Zeit und Erinnerung kennenlernen (Kapitel 8–10)

Sachanalyse

Schwimmen, Tauchen, Baden: Agieren im Wasser ist ein durchgängiges Motiv rund um den Scharmützelsee.[1] Der Ursprung allen Lebens wird dabei ebenso erwähnt wie die Vergänglichkeit des Sees, Fortbewegen und Erkunden stehen neben Versenken und Ertrinken. Wie ein »roter bzw. ›nasser‹ Faden«, so Pia Steffen, ziehe sich Wasser durch den Text und erfahre »unterschiedliche symbolische Aufladungen.«[2] So stehe es etwa für das Fremde, den Tod, die Grenze wie auch für Leben, Wandel, Weiblichkeit, Liebe und Sexualität.[3]

Mag nun auch nicht alles so deutlich zu Tage treten, so ist im Roman eine wesentliche Bedeutung des Wassers nicht zu überlesen. Schon im Prolog wird in einem »Zeitzoom«[4] ein jahrtausendelanger Verdrängungsprozess durch das Eis der letzten Kaltzeit, seine Entwicklung zum Scharmützelsee und dessen absehbare Verwüstung in der Zukunft präsentiert. Gesetzt wird damit der natürliche Prozess der Verwandlung und Vergänglichkeit, der dem Idyll und der mit ihm verbundenen menschlichen Hoffnung auf Dauer von Beginn an entgegenläuft. Das zentrale zeitliche Wandlungsprinzip des Romans, das auf der formalen Ebene durch die Erzählschichtung über Figurenerinnerungen geprägt ist, wird rahmenmotivisch inspiriert und erläutert. Erinnerungen, der Blick zurück im Nachdenken der Figuren, gestalten mit oder ohne Wasser das kreisende Werden und Vergehen der Romaninhalte.

Heimsuchung ist spätestens ab dem zweiten Kapitel ein »Erinnerungstext«[5], und dies auf allen Ebenen. Da sitzt die Besucherin im Garten und sinniert (Kapitel 8), ebenso der Unterpächter an der Hollywoodschaukel (Kapitel 9) und der Kinderfreund bei Dacharbeiten am Badehaus (Kapitel 10). Nichts passiert hier in der Handlungsgegenwart, und doch wird über die geschichteten Erinnerungen jeweils ein ganzes Leben sichtbar.

Die Besucherin (Kapitel 8), Großmutter der Schwiegertochter der Schriftstellerin, blickt in den 1970er Jahren[6] auf ihr Leben in Masuren/Ostpreußen zurück, denkt an ihre Kindheit, an Mann und Tochter, den verlorenen Hof, ihre Vertreibungserlebnisse und stellt fest, dass sie »so lange verloren [hat], bis sie das Verlieren beherrschte.« (R 131 | P 136)

Die Unterpächter (Kapitel 9), die seit Jahren die Werkstatt gepachtet haben, segeln auf dem Scharmützelsee in den 1990er Jahren.[7] Das Segeln beruhigt den Mann, der nach missglückter Republikflucht und folgender Umerziehung einer möglichen Berufskarriere entscheidungsunlustig ausweicht und Gefühlen grundsätzlich zu misstrauen scheint.[8] Seine Frau wiederum

1 Klara beendet ihr Leben durch den Gang »ins graue Wasser« (R 23 | P 25), der Architekt geht »noch einmal« schwimmen und erinnert sich an die Handtücher der ehemaligen jüdischen Nachbarn (R 40 | P 42 f.), Ludwigs Vater krempelt die Hosen hoch »im Märkischen Meer« und im Indischen Ozean (R 47 | P 50), die Architektenfrau schwimmt in ihrer aktiven Zeit so weit hinaus, dass man sie vom Ufer aus kaum noch sehen kann (R 64 | P 68), und versenkt einigen Hausrat vor den anrückenden Russen (R 31 | P 34), Doris lernt das Schwimmen im See, erfährt, »daß das Wasser sie trug« (R 84 | P 89), und sieht sich im Moment ihrer Exekution »mit offenen Augen« beim Tauchen (R 87 | P 91), der Rotarmist findet seine ermordete Schwester im Brunnen schwimmend wieder (R 90 | P 95) und denkt daran, dass man in seiner Heimat sich verliebte, wenn »ein Mädchen beim Baden seinen Zopf auflöst« (R 97 | P 102). Die Schriftstellerin lebt »auf dem Papier wie auf einer Fähre«, holt mit »Buchstaben […] manches an die Oberfläche« oder versenkt Ungünstiges (R 118 | P 122), die Besucherin schwimmt leitmotivisch »wie zu Hause« (R 123 | P 132), der Unterpächter schwimmt einmal ins Unglück und segelt dann lieber (R 140–142 | 145–147), der Kinderfreund badet gerne mit der Enkelin der Schriftstellerin und berichtet ihr, dass nach der Wiedervereinigung ein gemeinsamer Jugendfreund beim Tauchen in der Karibik ertrunken sei (R 153 | P 159). Der Gärtner wiederum geht nicht schwimmen, weiß aber um die »grundwasserführende Sandschicht«, die er mehrfach im Garten freisetzt (z. B. R 29 | P 31).

2 Pia Luisa Steffen, »Wasser, das durch Schichten sickert. Jenny Erpenbecks Roman *Heimsuchung*«, in: Kathrin Schuchmann (Hrsg.), *schliff. Literaturzeitschrift*, Bd. 14: *Wasser*, München 2022, S. 136.

3 Ebd.

4 Astrid Köhler, »Große Form – kleine Form. Gegen den Strich der Familiensaga«, in: Silke Horstkotte / Leonhard Herrmann (Hrsg.), *Poetiken der Gegenwart. Deutschsprachige Romane nach 2000*, Berlin/Boston 2013, S. 238.

5 Franziska Meyer, »Sommerhaus, früher: Jenny Erpenbecks *Heimsuchung* als Korrektur von Familienerinnerung«, in: *Gegenwartsliteratur. Ein germanistisches Jahrbuch* 11 (2012), S. 324.

6 Nimmt man das Vorgängerkapitel als Maßstab, so müsste die auch dort erwähnte Besucherin nach zwanzigjähriger Pacht des Grundstücks (R 107 | P 112) sich ungefähr im Jahr 1973 (vgl. R 104 | P 109) befinden. Die Rückweisung des Bruders ihres verstorbenen Ehemanns (vgl. R 132 | P 136) und der Satz ihres Mannes vor »vierzig Jahren« (vgl. R 124 | P 129) unterstützen vage einen angenommenen Zeitraum Mitte der 1970er Jahre.

7 In R 138 | P 143 wird der Mauerfall erwähnt, in R 148 | P 153 die bereits laufenden Rechtsstreitigkeiten um den Verbleib des Hauses.

8 Am Beispiel des Unterpächters thematisiert Erpenbeck die Republikflucht aus der DDR als eine Art Dummer-Jungen-Streich der Flüchtenden. Sie verschweigt die in der Folge gebrochene Identität des Gescheiterten zwar nicht, macht ihn aber durch eine vorher beschriebene leichtsinnige Motorradfahrt und sein Denken »mit dem Arsch« (R 141 | P 146) als einen Menschen deutlich, der sich unüberlegt, ungebremst und individualistisch treiben lässt. Wenn er abschließend resümiert, dass »[d]as Glück […] aus der Unordnung heraus[wächst], so wie die Unendlichkeit aus dem endlichen See« (R 149 | P 153), hat sich daran wohl nur wenig geändert. Ausleben kann er es nun aber nur noch beim Segeln.

wird in ihrer Selbsterzählung gestört und nach vielen Jahren der Ahnungslosigkeit als Flüchtlingskind neu verortet. Zwei verunsicherte Identitäten, die sich der Natur übergeben und auf Unendlichkeitssuche vom Wind über den endlichen See treiben lassen (R 139 | P 144). Ihr Kontakt mit dem Gärtner scheint rege und freundlich.

Der Kinderfreund (Kapitel 10) schließlich hantiert nach 2001 am Dach des Badehauses[9] und erinnert sich an seine Kindheitsfreundin, die Enkelin der Schriftstellerin. Gemeinsam verbrachte Sommertage durch seine gesamte Kindheit hindurch (R 154 | P 160) sind noch immer lebendig in ihm. Und so sieht er vor seinem inneren Auge glückliche Erlebnisse und das Grauen einer indirekt mitverantworteten Vergewaltigung (R 157–159 | P 163–165). Er kann die »Trennlinie zwischen zu früh und zu spät« (R 159 | P 165) nie wirklich in seinem Leben ziehen und bleibt einer kindlichen Heimatvorstellung verhaftet, die ihm Entwicklungsmöglichkeiten bzw. eine zufriedenstellende Gegenwart und Zukunft verschließt.

Erinnerungen sind subjektive, streng selektive und assoziative Gedankenprozesse, die sich auf Erfahrungen, Erlebnisse und die damit verbundenen Gefühle beziehen. Räume, Situationen und Personen spielen dabei ebenso eine Rolle wie Sinneseindrücke, die Erinnerungen auslösen können. *Heimsuchung* wird von solchen Erinnerungsströmen regelrecht geflutet und findet dazu noch im Haus am See einen Projektionsplatz für allerlei. So verbindet z. B. die Besucherin die Brotbelehrung durch die Schriftstellerin mit ihren Erfahrungswerten als Bäuerin in Masuren (R 122 | P 127), um dann über ihre Irritation im Anblick des Erholungsgartens in ein assoziatives Blitzlicht der Themen Alter, Rente, Arbeitsethos, Akkordeonspiel ihres Mannes und Vorfreude auf das abendliche Schwimmen überzugehen (R 122 f. | P 127 f.). Das ist irritierend, inhaltlich nicht vollständig zu verstehen und wird erst im Verlauf der Lektüre nach und nach aufgeklärt.

Diese reflexive, sprunghafte und fragmentarische Struktur der Erzählung fordert den Leser also zur Mitarbeit auf, legt Fährten und erwartet Geduld sowie Spürsinn beim Auflösen der komplexen Zusammenhänge. »Distanzierung, Diskursivierung und Reflexion«[10] sind die Aufgaben des Rezipienten, nicht seine eintauchende Identifikation. Auf diese Weise wird die »große, ungebrochene Geschichtserzählung«[11] vermieden und durch »ein Geflecht polyvalenter Erinnerungen«[12] ersetzt, wodurch ebenso Charakteristisches über die jeweiligen Figuren, ihre Geschichte wie auch Aussagen über die Epoche verdeutlicht werden. Man kann das als eine Grundbedingung der Moderne begreifen: »[E]in Narrativ der Diskontinuität [wird vom 20. Jahrhundert] geradezu herausgefordert.«[13]

Dieser Erinnerungsstrom der Figuren, der sich unter Mithilfe des aktivierten Lesers zu einem »Erinnerungsmosaik«[14] der Epoche fügt, wird schließlich selbst zu einem Erinnerungsraum. Wenn der Text nämlich durch Widmung und Schilderung der Tuchfabrikantenfamilie faktische Schicksale in die Wahrnehmung der Menschen zurückholt und ihnen so ein literarisches Andenken sichert, taucht man nicht mit geschlossenen, sondern mit offenen Augen im See und hebt die vom Erzähler beanstandete Zurücknahme »ins Unerfundene« von Doris und ihrer Familie auf (R 87 | P 92).

9 Mit dem Hinweis auf den »Brand des Schmeling-Hauses« (R 163 | P 169), das aber auch schon eine Zeit zurückliegt, wird ein genauer Termin (14. 8. 2001) eingebracht, der zumindest grob eine zeitliche Verortung ermöglicht.

10 Köhler (s. Anm. 4), S. 242.

11 Ebd., S. 243.

12 Inga Probst, Auf märkischen Sand gebaut. Jenny Erpenbecks *Heimsuchung* zwischen verorteter und verkörperter Erinnerung«, in: Ilse Nagelschmidt [u. a.] (Hrsg.), *Geschlechtergedächtnisse. Gender-Konstellationen und Erinnerungsmuster in Literatur und Film der Gegenwart*, Berlin 2010, S. 68.

13 Ebd., S. 75.

14 Sonja Dickow, *Konfigurationen des (Zu-)Hauses. Diaspora-Narrative und Transnationalität in jüdischen Literaturen der Gegenwart*, Berlin 2019, S. 144.

Unterrichtsverlauf

Überblick. Die Schülerinnen und Schüler lernen den Umgang mit Zeit und Erinnerung als vielgestaltiges Schichtungsprinzip des Romans kennen. Im Rückbezug auf die historische Rahmung, Figurenerinnerungen und charakterliche Verweise werden sowohl Textinformationen als auch die Leseraktivierung beispielhaft betrachtet und angewandt. Anhand von Leit- und Schlüsselmotiven werden abschließend Wirkungsbestimmungen durch gewichtete Reduktion der Kapitel vorgenommen. ! **Verkürzter Verlauf: 8.1 – 8.2 – 8.3**

Phase	Thema	Sozialform	Kompetenzen/Lernziele	Materialien
Voraussetzungen: Textkenntnis des Romans				
8.1	Einstieg: Prolog als Übergangs- und Verwandlungsmarker	UG	• Beim Hören Vorstellungen entwickeln, Inhalt und Funktion des Prologs benennen • Bezüge zu Erpenbecks Hauptthemen aufzeigen	
8.2	Textarbeit und Strukturierung: »Im Wasser« – Romanschichten an einem besonderen Motiv	UG / PA / SV	• Motivgestaltung differenziert erarbeiten • Strukturskizze in Analyse und Präsentation mit einbeziehen • Historische Bezüge, Erinnerungs- und Figurenbezüge benennen	VORLAGE 8a ➤ S. 78 TAFELBILD 8 ➤ S. 79
8.3	Anwendung: Schichtenaufdeckung in den Kapiteln »Besucherin«, »Unterpächter«, »Kinderfreund« (8–10)	GA / SV / UG	• Sprachliche Gestaltung aufmerksam wahrnehmen • Zeit- und Erzählschichten analysieren • Leseraktivität benennen • Strukturskizze mit konkretem Inhalt füllen	TAFELBILD 8 ➤ S. 79
8.4 **fakultativ**	Vertiefung: Leitmotivik als erinnerungsbedingtes Charakterstudium	UG / PA	• Die Leitmotivtechnik als Form der inhaltlich anreichernden Wiederholung erkennen • Charakterliche Figurengestaltung anhand von Wiederholungen und Schlüsselsätzen auf einige Kapitel anwenden	VORLAGE 8b ➤ S. 80

8.1 Einstieg: Prolog als Übergangs- und Verwandlungsmarker

UG

Internetzugang

Unterrichtsschritt. »Wie entstand der Scharmützelsee?«, fragt die Lehrkraft und ergänzt: »Warum wird das in diesem Buch eigentlich erwähnt?« Nach dem Vortrag des Prologs (R 9 f. | P 9–11) durch die Autorin (Audio: www.dichterlesen.net/veranstaltungen/detail/geschichten-aus-einem-haus-2053, Stand: 30.12.2024; Lesung: Minute 0:53–4:46) wird eine erste freie Sammlung von Schüleräußerungen zum Textauszug initiiert, worauf die Lehrkraft die Funktion des Prologs für den folgenden Text erfragt. In der anschließenden Diskussion werden die Erpenbeck'schen Themen ›Übergang und Verwandlung‹ in Bezug auf den Roman inhaltlich und formal bestimmt.

Erläuterungen. Ein Prolog ist häufig eine Vorbemerkung des empirischen Autors an den empirischen Leser und außerhalb des fiktionalen Kommunikationsvertrages platziert. Nicht hier. Die vermittelnde Textkommunikation ist bereits erreicht, die räumliche und thematische Engführung im Sinne einer Lektüreeinstimmung auf das Kommende offenkundig, weshalb man eventuell von einer poetischen Grundlegung sprechen sollte. Das über die Jahrtausende stattfindende Wandlungsprinzip in der Natur wird sich auch unter den Menschen – erheblich beschleunigt zwar, aber nicht weniger stetig – fortsetzen und Vorstellungen von Ewigkeit oder wenigstens Dauer entgegenlaufen. Der Leser, die Leserin wird somit positioniert, Erwartungen werden gesetzt, andersartige Gratifikationshoffnungen von Anfang an wissenschaftlich spröde enttäuscht. Dies kann genutzt werden für einen Erinnerungsplausch über die inhaltlichen (historische Wendepunkte und ihre Folgen für die Menschen) und formalen (kontrastierende Erinnerungsfragmente, mehrperspektivisches Schichtungsprinzip des Plots, Auslassungen, Andeutungen, Verzögerungen, variierende Wiederholungen etc.) Gestaltungen von Übergängen in Erpenbecks Roman.

8.2 Textarbeit und Strukturierung: »Im Wasser« – Romanschichten an einem besonderen Motiv

Unterrichtsschritt. »Das Wasser scheint demnach eine wichtige Bedeutung für diesen Roman zu haben«, stellt die Lehrkraft fest, ruft darauf manche dieser Bedeutungen in Erinnerung und lässt Funktionen des Motivs »Wasser« vermuten. Sodann gibt sie Romanbeispiele der Figuren im und über Wasser an die Schüler aus (VORLAGE 8a ***Das Motiv Wasser in »Heimsuchung«***), worauf diese in Partnerarbeit die verschiedenen Beobachtungsaufgaben recherchieren. Die anschließenden Präsentationen werden konkret besprochen. Im Zuge dessen wird die abstrahierende Strukturskizze in TAFELBILD 8 entwickelt.

UG / PA / SV

VORLAGE 8a
➤ S. 78
TAFELBILD 8
➤ S. 79

Erläuterungen. Wasser ist das Schlüsselsymbol des Romans. Vom Prolog ausgehend als wandlungsbegabtes Übergangsmotiv gekennzeichnet, ist es auch in den Figurenkapiteln von dieser Mehrdeutigkeit nicht zu lösen und steht ebenso für Freiheit, Leben, Spaß und Leichtigkeit wie für Versinken, Kentern, Scheitern und Tod. Es ist deshalb auch ein gut geeignetes Motiv zur Verdeutlichung des Schichtungsprozesses eines Romans, der sich *Heimsuchung* nennt und neben den Figuren auch die Leserinnen und Leser in diese (Ver-)Suchung integriert. Historische Schichten, Erinnerungs- und Figurenschichten sind von ihnen den verstreuten Informationen zu entnehmen oder bei Nicht-Information hinzuzufügen. So ist z. B. der Suizid Klaras (Ertrinken – Vereinigung mit ›Fischer‹) der feudalen Unterdrückung der Raumzeit ebenso zuzuschreiben wie ihrer wahnhaften Reaktion darauf, deren Vision die Realität überwindet und so für ihre Enterbung sorgt (Kapitel 1); ist die historische Exilerfahrung der Schriftstellerin ausschlaggebend für ihre gebrochene Wahrhaftigkeit bei der Memoirenniederschrift (Wasser trennt Sagbares von Unsagbarem), was ihrem idealistischen Ansatz zumindest in Teilen die Legitimation nimmt (Kapitel 7); schwimmt (Leichtigkeit des Schwimmens) dagegen die Besucherin im Scharmützelsee wie vormals in Masuren/Ostpreußen, was nurmehr Erinnerung sein kann und zudem mit vielen Verlusten infolge der Vertreibung verbunden ist (Kapitel 8); taucht (Leben in Freiheit) letztlich Doris im Moment ihrer Ermordung im Scharmützelsee und denkt an glückliche Tage der vereinten Familie, die infolge der historischen Verbrechen nicht mehr herzustellen sind (Kapitel 5). Immer werden dabei die Leserinnen und Leser aktiviert, aus den historischen und narrativen Schichten die Erinnerungen der Figuren selbst in ihrem Schwanken zwischen Hoffnung und Verlust mit Bedeutung zu versehen (was das TAFELBILD 8 veranschaulicht).

Es muss nicht zu jeder Textstelle ein Schülervortrag erfolgen. Je nach Größe der Lerngruppe kann auch die Anzahl der auf VORLAGE 8a präsentierten Textstellen reduziert werden.

8.3 Anwendung: Schichtenaufdeckung in den Kapiteln »Besucherin«, »Unterpächter«, »Kinderfreund« (8–10)

Unterrichtsschritt. Ausgehend vom TAFELBILD 8 sollen die Schülerinnen und Schüler die dort erarbeiteten Schichten in den Kapiteln »Die Besucherin« (8), »Die Unterpächter« (9) und »Der Kinderfreund« (10) in arbeitsteiligen Kleingruppen herausarbeiten. Dazu werden die Kapitel gelesen, Recherchen im Internet durchgeführt, der Arbeitsauftrag bearbeitet und die Ergebnisse schließlich vorgestellt.

GA / SV / UG

TAFELBILD 8
➤ S. 79
Internetzugang

Erläuterungen. Zu Kapitel 8: Während die Kriegs- und Nachkriegssituation historisch zu berücksichtigen ist (Aufteilung Ostpreußens zwischen Polen und der Sowjetunion, Verschleppung der Tochter zur Zwangsarbeit in die Sowjetunion), drehen sich die Erinnerungen der »Besucherin« sprunghaft um ihre Kindheit in Masuren, ihr bäuerliches Leben, ihre Ehe mit einem ukrainischen Juden (R 132 | P 136 f.), den Verlust von Haus und Hof sowie einige Vergleiche der Ähnlichkeit (Löwenzahn, Lerchen, Schwimmen), die in der bitter-stolzen Erkenntnis gipfeln, dass »sie […] so lange verloren [hat], bis sie das Verlieren beherrschte« (R 131 | P 136).

Zu Kapitel 9: Bei den »Unterpächtern« sind sowohl die Nachkriegssituation (Potsdamer Konferenz: Aufteilung Schlesiens unter Polen und der Tschechoslowakei, Vertreibung der Deutschen) wie auch Besonderheiten der DDR zu berücksichtigen (sog. »Republikflucht« als Straftat gegen die staatliche und öffentliche Ordnung, natürliche Grenze zwischen BRD und DDR im Verlauf der Elbe). Die schrittweise aufklärenden Erinnerungsschichten umfassen eine leichtsinnige Republikflucht und eine nicht mehr bewusste Vertreibungsgeschichte, wodurch beide Unterpächter als verunsicherte Identitäten markiert werden. Ihre Hoffnungen auf Individualität und verlässliche Herkunft sind nachhaltig gestört, was sich vielleicht am deutlichsten im resignierenden »Was weiß man« (R 138, 139, 142, 149 | P 143, 144, 147, 154) spiegelt.

Zu Kapitel 10: Im Kapitel »Der Kinderfreund« werden historisch negative Folgen der Wiedervereinigung angesprochen (Grenzöffnung und Ertrinken, Restitution und Familienmord, Hausverfall und Bewohnervertreibung),

VORLAGE 8a

Das Motiv Wasser in *Heimsuchung*

Nichts Schöneres, als mit offenen Augen zu *tauchen. Hinzutauchen* bis zu den schimmernden Beinen von Mutter und Vater, die eben *schwimmen* waren und nun durch das flache *Wasser* zurück zum Ufer waten. (R 87 | P 91)	Ihre Schwestern, die inzwischen beide Mütter geworden sind, blicken vom Steg aus ihr nach, wenn sie kraulend die Dampferroute kreuzt und noch weit darüber hinaus *schwimmt*, bis ihre Badehaube nur noch als stecknadelgroßer Punkt zu sehen ist (R 64 | P 68)	[die] Spuren im frischgefallenen Schnee, bei der öffentlichen Badestelle führen sie geradenwegs ins graue *Wasser* hinein, immer abwechselnd ein Schuh, ein Strumpf, ein Schuh, ein Strumpf, ein Schuh. (R 23 | P 25)
Seine kleine Schwester, erst vier Jahre alt, hatte er zuerst gefunden, als er von der Koppel ins elterliche Haus zurückkehrte. Sie *schwamm* im Brunnen, das Gesicht nach oben. In der Nacht davor hatte sie noch im selben Bett mit ihm gelegen und geatmet. (R 90 | P 95)	*Schwimmen* kann sie hier wie zu Hause, und das Schwimmen ist leicht geblieben [...]. Als sie jung war, hat sie die masurischen Seen im Sommer *durchschwommen* und *durchtaucht*, auch in ihnen gefischt, und im Winter ist sie Schlittschuh gelaufen (R 127 | P 132)	Als er von den Juden das Badehaus übernahm, hingen noch deren Handtücher dort. Bevor seine Frau auf die Idee kommen konnte, sie zu waschen, war er *schwimmen* gegangen und hatte sich mit einem der fremden Handtücher trockengerieben. (R 40 | P 43)
Seit ihrer Rückkehr nach Deutschland hatte all ihre Leidenschaft dem Versuch gegolten, [...] ihr Leben auf dem Papier wie auf einer Fähre in andere Leben überzusetzen. Mit den Buchstaben hat sie manches an die *Oberfläche* geholt, was ihr bewahrenswert schien, anderes in die *Versunkenheit* zurückgestoßen, was wehtat. (R 117 f. | P 122)		Weißt du noch, wie er mit uns *getaucht* ist, zwischen den Hechten im Schilf, und wie kalt die Hechte waren, wenn sie mit ihren Fischmäulern gegen unsere Beine stießen? Kurz nach der Grenzöffnung ist er in der Karibik getaucht und dabei *ertrunken*. Ja. Als wären für ihn durch die Grenzöffnung nur die Möglichkeiten zu sterben größer geworden. (R 153 | P 159)
Stell dir vor, sagt der Senior [...], meine Rennjolle ist im Frühling *gekentert*, kurz vor dem Ufer. Dein Vater ist selbst reingegangen und hat sie umdrehen geholfen, sagt [...] die Mutter. Die Hosen hochgekrempelt im *Märkischen Meer*. Die Hosen hochgekrempelt im Indischen Ozean. Der Junge aus dem Dorf, der sie rübergesegelt hat von der Werft, war ganz blaß, sagt die Mutter. (R 47 | P 50)	[...] geht sie dennoch zur alten Stelle [...], dort hockt sie sich hin, um *Wasser* aus dem See zu schöpfen. Mit der einen Hand hält sie sich an der Weide fest, mit der anderen zieht sie den Eimer über den Grund, dann kehrt sie ins Haus zurück und beginnt mit dem Aufwischen im oberen Stockwerk. Fünfmal muß sie zum See hinunter gehen und frisches *Wasser* holen (R 172 | P 178)	Das Umdrehen ist eine Kunst, die er also beherrscht, oder die ihn beherrscht, was weiß man. Ob einer geradeaus *schwimmt* oder umdreht, das *Schwimmen* ist immer das gleiche. Sein Freund, mit dem er sich in dieser Nacht betrunken hatte und dann, wie im Scherz, gemeinsam in den Fluss gesprungen war, war nicht umgekehrt. [...] Sein Freund war weder am anderen noch am diesseitigen Ufer je angelangt. (R 142 | P 147)

(Foto: CC BY 2.0 DEED / Wikimedia / Francisco Antunes)

Beobachtungsaufgaben:

- Welche Figur ist hier jeweils aktiv? Lesen Sie die Stelle und diskutieren Sie Zusammenhänge!
- Welche Bedeutung hat das Wasser für die jeweilige Figur?
- Was sagt die Handlung über die Figur oder die jeweilige historische Handlungszeit aus?
- Welche Erinnerungsschichtung findet jeweils statt?

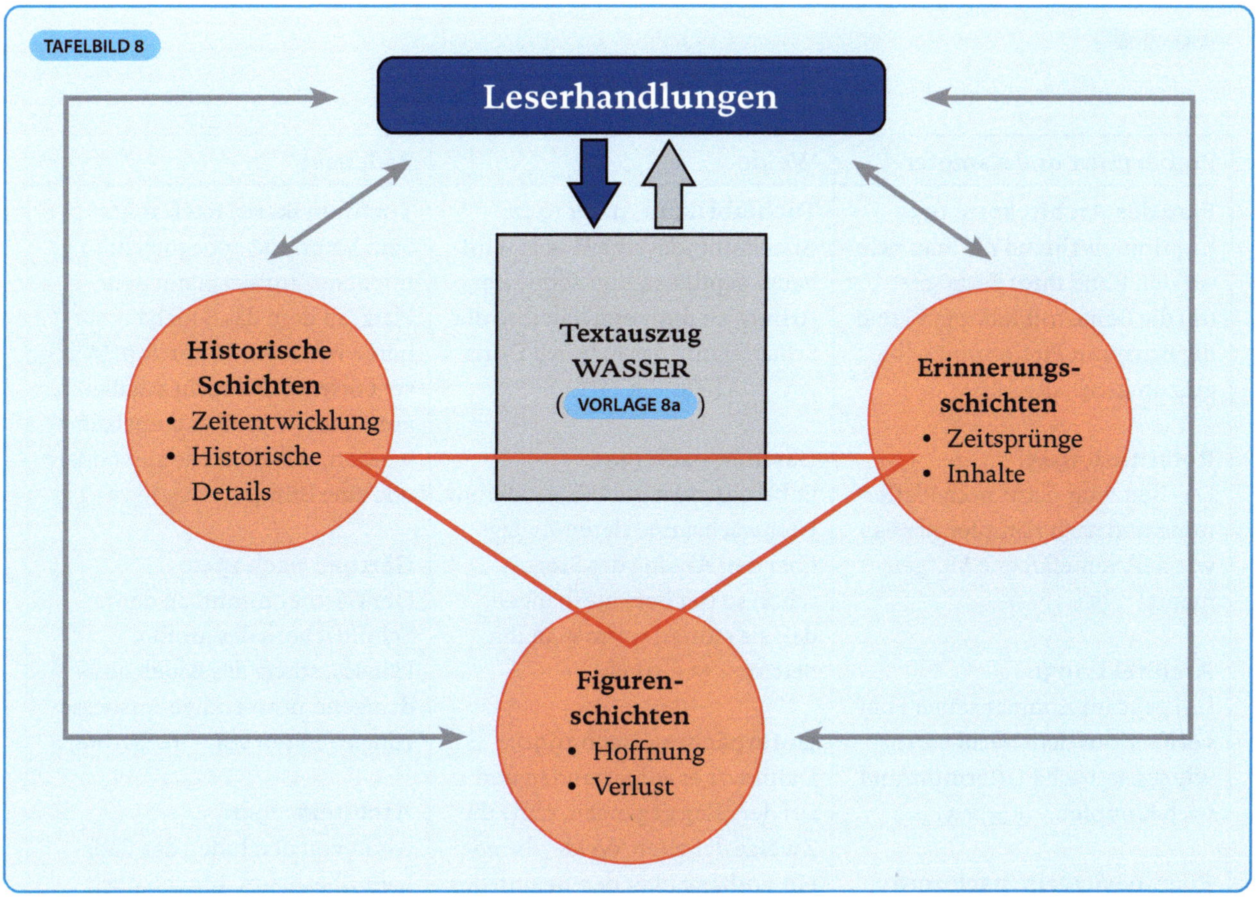

während der am Badehausdach ›herumpfuschende‹ Mann an seine Kinderfreundschaft mit der Enkelin der Schriftstellerin denkt. Schöne Erinnerungen an eine unbeschwerte Kindheit werden schrittweise durch das Ereignis einer beobachteten Vergewaltigung belastet, worauf die »Trennlinie zwischen zu früh und zu spät« (R 159 | P 165) bzw. das Nicht-Loslassenkönnen als sein eigentliches Lebensproblem sichtbar wird.

8.4 Vertiefung: Leitmotivik als erinnerungsbedingtes Charakterstudium (fakultativ)

Unterrichtsschritt. Die Lehrkraft erläutert zunächst die leitmotivische Objekt- und Satzstrukturierung des Romans und gibt hierfür einige Beispiele (VORLAGE 8b *Leitmotive*; auch Rückverweis auf die 5. Stunde ist möglich). Nach einer ersten Diskussion zur Funktion wiederholender Anreicherung wird auf die Figurencharakterisierung durch solche Motive fokussiert und am Beispiel des Schlusses von Kapitel 8 »Die Besucherin« (R 132 f. | P 137 f.) verdeutlicht. Die Schülerinnen und Schüler werden dann zu einem ähnlichen Vorgehen in den Kapiteln »Die Unterpächter« (9), »Der Kinderfreund« (10) oder einem anderen Figurenkapitel des Romans angeleitet. Die Ergebnisse werden anschließend vorgestellt und, auch in Bezug auf das wirkungsvolle Schichtungsprinzip, besprochen. UG / PA

VORLAGE 8b ➤ S. 80

Erläuterungen. Leitmotivische Wiederholungen tragen Bedeutungen in unterschiedliche Textzusammenhänge und haben so einen substanziellen Erinnerungswert für den Rezipienten. Figuren, Objekte, Themen und Handlungssituationen werden durch sie repräsentiert, wachgehalten und zugleich angereichert, eine symbolische Verdichtung (z. B. Dingsymbol) ist leicht möglich. Mit der Wiederkehr von Weide und Badehaus wird die jüdische Tuchfabrikantenfamilie vor Ort geholt, wenn auch (oder gerade weil) keine der Figuren von deren Existenz weiß. Mit dem Geruch nach Kampfer und Pfefferminz archiviert sich das frühe Klimakterium der Architektenfrau im verborgenen Schrank bzw. ihr Versuch der Wiederbelebung verlorener Aktivität. Andere Objekte (des Hauses) können hier ergänzt werden, der verborgene Kleiderschrank selbst z. B. ist zweifellos ein Schlüsselsymbol des Romans.

Was nun – in sprachlicher Hinsicht – am Ende des Kapitels 8 »Die Besucherin« geschieht, ist die elliptische Rei-

VORLAGE 8b

Leitmotive

Pfefferminz und Kampfer	Weide	Badehaus
Frau des Architekten, 1951: [...] rinnt, während die Frau sich auf den Rand ihres Betts setzt, um die Beine mit Kampferöl und die Brust mit Pfefferminzsalbe einzureiben (R 72 | P 75)	**Tuchfabrikant, nach 1942:** Aber zumindest die Weide wird heute gepflanzt, sagt sein Vater, Arthur, zu ihm, und hält ihm die Schaufel hin, das habe ich Doris versprochen. (R 48 | P 51)	**Tuchfabrikant, nach 1942:** Sein Vater und er begutachten mit dem Zimmermann den Platz, an dem das Badehaus stehen wird. Zehn Meter vom Wasser entfernt und nicht parallel zum Ufer [...] soll es aufgebaut werden, sich dem See zuwenden wie eine Bühne. (R 53 | P 56)
Rotarmist, 1945: Das Bettzeug riecht nach Pfefferminz und nach Kampfer, ebenso wie der cremefarbene Morgenmantel (R 91 | P 96)	**Gärtner, nach 1945:** Er beschneidet die Weide, die am Ufer wächst und deren Zweige über den Anfang des Steges schon so tief herunterhängen, daß sie stören, wenn man ihn betritt. (R 102 | P 107)	**Gärtner, nach 1945:** Der Gärtner nimmt an den Schilfdächern des großen Hauses, sowie des Badehauses dringend notwendige Ausbesserungsarbeiten vor. (R 106 | P 111)
Architekt, 1951: [...] geht am Zimmer seiner Frau vorüber, aus dem riecht es, so wie sonst, nach Pfefferminz und nach Kampfer (R 33 | P 36)	**Unterpächter, nach 1990:** Dann war er aufgestanden und auf den Steg gegangen, ohne die Zweige der alten Weide, die wie ein Vorhang über den Beginn des Steges herabhingen, wie sonst mit den Händen zu zerteilen. (R 137 | P 142 f.)	**Architekt, 1951:** Als er von den Juden das Badehaus übernahm, hingen noch deren Handtücher dort. [...] Immerhin die Hälfte des Verkehrswerts hatte er den Juden gezahlt. (R 40 f. | P 43)
Eigenbesitzerin, nach 2001: Der Schrank, durch den sie ins Schrankzimmer hinaustritt, riecht, wie zu Lebzeiten ihrer Großmutter, noch immer nach Pfefferminz und Kampfer (R 171 | P 177)	**Eigenbesitzerin, nach 2001:** Mit der einen Hand hält sie sich an der Weide fest, mit der anderen zieht sie den Eimer über den Grund (R 172 | P 178)	**Schriftstellerin, 1973:** Ja, sie wünsche gleichfalls, ihr Haus zu kaufen, und wünsche selbstverständlich, daß man das Badehaus nach oben versetzt. Mit sozialistischem Gruß. (R 118 | P 123)
		Kinderfreund, nach 2001: Manchmal steigt er auf eine Leiter und zieht die Folie zurecht, mit der er das Schilfdach des Badehauses im letzten Herbst abgedeckt hat. (R 151 | P 157)
		Eigenbesitzerin, nach 2001: Jetzt denkt sie daran, wie ihre Großmutter damals das Badehäuschen versetzen ließ, sie und ihr Kinderfreund hatten die Arbeiter den ganzen Weg hangaufwärts begleitet (R 176 | P 181)

hung bereits vorher erläuterter Sätze und Phrasen. Eine Art Quintessenz eines verlustreichen, bäuerlichen Lebens. Dies kann an anderen Kapiteln erprobt und besprochen werden. Bei den »Unterpächtern« (Kapitel 9) sind viele Wiederholungen (»allein entscheiden«, »Besuchsraum des Gefängnisses«, »Was weiß man«, »schöne Sache« Segeln, »mit dem Arsch«, Schwimmen »immer das gleiche«) und manche besondere Formulierung (z. B. »schon wieder gefangen«, »wer sollte ihr raten«, »in seine Prüfung hineingeschwommen«, Glück »aus der Unordnung«) naheliegend, beim »Kinderfreund« (Kapitel 10) sind Wiederholungen selten (»Hätte und Wäre«, »Holzschuppen«, »was sie besser nicht hätten sehen sollen«, »Pfusch«), andere Formulierungen indes in der Charakterzeichnung von Bedeutung (»was es eigentlich ist, das sich da fortsetzt«, »unauflösbarere Verbindung als ein Versprechen«, »Trennlinie zwischen zu früh und zu spät«, »gemeinsame Gier und Scham« knüpft jemanden fester an einen Ort als »gemeinsames Glück«).

9 *Heimstatt und Zweifel für immer* – Heimatbilder analysieren (Kapitel 2 und 7)

Sachanalyse

Wenn, so Erpenbeck, alles im Umbruch sei und alles, was man gelernt habe, »zu nichts mehr führt, weil es nicht mehr anwendbar ist«, trete ein Vermissen ein.[1] *Heimsuchung* beschäftigt sich mit diesem Vermissen unter einem besonderen Schwerpunkt: »[I]ch [hatte] das Gefühl, dass viele der Figuren von der eigenen Suche nach Heimat heimgesucht werden. Ich meine damit, dass sie von dem, was sie hoffen, verfolgt werden.«[2] Die den Roman somit prägenden Motive von Heimat und Erinnerung kann man schon in den drei dem Roman vorangestellten Mottos erkennen: Heimat scheint in dieser Allianz aus Büchner, Hölderlin und einem arabischen Sprichwort nichts weiter als ein Erinnerungsideal oder eine nur utopische Vorstellung von dauerhaftem Glück zu sein. Selbst dann, wenn im Zuge der Objektivierung von Heimat ein Haus gebaut wird, kann dies vor dem Verlust der Heimat nicht schützen.

Das Hoffen auf Heimat selbst, so Erpenbeck, sei »sozusagen schon der Fehler«,[3] weshalb sie, wenn man das überhaupt bezeichnen möchte, vielleicht einen Heimatverlustroman oder einen Text über die vergebliche Suche des Menschen nach dauerhafter räumlicher Identität geschrieben hat. Um diese Vorstellungen in ihrer Breite abzubilden, verleiht Erpenbeck jeder Figur des Romans eine eigene, spezielle Heimatidee.[4]

Im Fall des Großbauern Wurrach (Kapitel 1) geht es noch um Landbesitz und dessen Vergrößerung, während die Frau des Architekten (Kapitel 4) bereits auf das Haus am See als »angemessenes Gehege« (R 64 | P 68) für Ablenkung und Zeitverlust zurückgreift. Dem aus der Heimat vertriebenen Tuchfabrikanten (Kapitel 3) bleiben am neuen Ort nurmehr sehnsüchtige und verlustreiche Vergleiche mit »Daheim« (R 52 | P 55), während seine Nichte, das Mädchen Doris (Kapitel 5), gerade in dieser Erinnerung ihre letzte Stütze vor dem nahenden Tod findet. Der junge Rotarmist (Kapitel 6) verteidigt seine (verlorene) Heimat in der Fremde, in der die Besucherin (Kapitel 8) sich seit ihrer Vertreibung aus Masuren dauerhaft fremd fühlt und im Haus nur »zu Besuch« (R 129 | P 134) ist. Die Unterpächterin (Kapitel 9) verliert ihren Identitätsraum Heimat durch ihr bislang unbekanntes Flüchtlingsschicksal, ihr Mann wiederum segelt nach missglückter Heimatflucht größeren Lebensentscheidungen stetig davon. Der Kinderfreund (Kapitel 10) findet Heimat in seinen Kindheitserlebnissen wieder, von denen er nicht loskommt, seine damalige Freundin, die unberechtigte Eigenbesitzerin (Kapitel 11), empfindet diese Erlebnisse nicht nur, aber auch als Belastung, als ein »schönes Gefängnis« (R 177 | P 183), und löst sich von ihrem Identitätsort, indem sie ihn reinigt und dann schließt.

»Fernab der Idealisierung [...] der Provinzialität, aus denen sich das Genre der Heimatliteratur speist, bildet die Provinz in *Heimsuchung* einen Raum, der von politischen und historischen Umbrüchen dimensioniert sowie von der nationalen und nationalsozialistischen Topologie überlagert wird.«[5] Wenn also die private Zukunftshoffnung der Menschen doch permanent von geschichtlichen Ereignissen torpediert werden kann, fragt Erpenbeck: »Was sucht man eigentlich, wenn man nach einer Heimat sucht [...]? Und was ist einem daran so viel wert?«[6] In zwei Kapiteln werden für diese Fragen ganz unterschiedliche Antworten gefunden.

Da ist der selbstbewusste Architekt (Kapitel 2), der Wildnis bändigen und »mit der Kultur zusammenstoßen lassen« will (R 28 | P 31). Der die Heimat nicht einfach hinnimmt, sondern plant, indem er ein Haus bedürfnisgerecht maßschneidert, dingfest macht, zur »Scholle« (R 39 | P 41) und »dritte[n] Haut, nach der Haut aus Fleisch und Kleidung«, bestimmt: »Heimstatt« (R 35 | P 38). Dem Bleiben will er einen Körper schenken, quasi »etwas Lebendiges« (R 39 | P 42),

1 Adalbert Reif, »›Erinnerung ist nur ein Blick zurück‹. Jenny Erpenbeck schreibt über ihre ostdeutsche Intellektuellen-Familie und das seltsame Verschwinden der DDR [Interview mit Jenny Erpenbeck]«, in: *Der Standard*, 6. 11. 2009, www.derstandard.at/story/1256744249081/album-interview-erinnerung-ist-nur-ein-blick-zurueck (Stand: 2. 1. 2024).

2 Jenny Erpenbeck, »Man kann sich sein Verhältnis zur Vergangenheit nicht aussuchen«, Planet Interview (1. 9. 2008), www.planet-interview.de/interviews/jenny-erpenbeck/34662 (Stand: 15. 11. 2023).

3 Ebd.

4 Vgl. Jenny Erpenbeck, »›Ich denke viel über Übergänge nach.‹ Im Gespräch mit Alfons Huckebrink und Frank Lingnau über Grenzen und Grenzüberschreitungen«, in: *Am Erker* 61 (Juni 2011), https://amerker.de/int61.php (Stand: 29. 12. 2023).

5 Kathrin Schuchmann, »›Die Zeit scheint ihr zur Verfügung zu stehen wie ein Haus‹. Heimat und Erinnerung in Jenny Erpenbecks *Heimsuchung*«, in: *Zagreber Germanistische Beiträge* 22 (2013), S. 63.

6 Katharina Döbler, »Großmutters klein Häuschen«, in: *Die Zeit*, 29. 5. 2008, www.zeit.de/2008/23/L-Erpenbeck-NL (Stand: 2. 1. 2024).

»dem Leben Richtungen geben […], den Augen einen Blick, der Stille Türen« (R 35 | P 38). Geordnete Heimat bezwingt hier die chaotische Natur, wird zur körperlichen Erweiterung des Planers mit Haut, Knochen, Augen: zum Willen des Einen, Wagemutigen, Schöpfenden, der die Welt nach seinen Vorstellungen prägt. Dass der Architekt dann 1951, nachdem sich der politische Wind längst gedreht hat, doch noch seine Schöpfung verlassen muss, zeigt auch ihm die zeitlichen Grenzen im Festhalten von Heimat auf. Sein Vergraben von Wertvollem im Garten ist für einen, der den Angriff »aus der Sonne« (R 37 | P 44) so liebt, schon auch ein hilfloses Rückzugsgefecht.

Diesen Verlust von Heimat hatte die Schriftstellerin (Kapitel 7) bereits erfahren.[7] Nach Jahren im sowjetischen Exil kehrt sie zurück, um »die deutschen Barbaren […] in Menschen [zurückzuverwandeln] und die Heimat in Heimat« (R 109 | P 114). Dabei gilt ihre Heimkehr – mehrfach ausbuchstabiert als ermutigendes Mantra eingeschoben – in kommunistischer Überzeugung keinem Land mehr, keinem Haus, sondern der Menschheit, deren »Erlösung […] von Habgier und Neid« (R 117 | P 121) sie zweifelnd, aber doch stetig durch ihr Schreiben ermöglichen will. Ihre Erinnerungen sollen zu »Erinnerungen anderer« werden, ihr Werk soll »wie auf einer Fähre in andere Leben übersetzen« (R 118 | P. 122), und doch weiß sie auch: »Wo viel verlangt wird, bleibt mehr aus.« (R 114 | P 119) Selbst in ihren publizierten Erinnerungen. Da sie nämlich in Stalins Sowjetunion »das Schweigen gelernt« (R 113 | P 118) und ihre politische Unschuld verloren hat, ist Wahrhaftigkeit auch von den Vertretern dieser ›Menschheitserlösung‹ nicht zu erwarten: Ihr (Selbst-)Zweifel bleibt »für immer als Heimweh« (R 111 | P 116).

»[E]ine grundlegende Verunsicherung in der Verortung in der Welt«[8] prägt die Menschen der Moderne, auch weil individuelle Lebensplanung permanent durch geschichtliche Umbrüche gefährdet ist. Heimat kann demnach nur ein zeitbegrenztes, vorübergehendes Konstrukt sein und selbst dann, wenn es sich von einem festen Ort löst und in der idealistischen Menschheitsbefriedung seine internationale Aufgabe findet, ist ein dauerhaftes Gelingen nicht garantiert. Am Beispiel des Architekten und der Schriftstellerin werden zwei unterschiedliche Heimatideale vorgestellt, deren utopische Haltlosigkeit jeweils sofort einleuchtet. Will der von ›tausendjähriger‹ Ignoranz umwehte Architekt noch der Ewigkeit seinen Führer-Stempel in Form des Hauses aufdrücken, der Natur trotzen, sich behaupten, Heimat auf Dauer planen, so setzt die Schriftstellerin allein auf das Wort und die gelebten Überzeugungen. Mit Sprache will sie sich und anderen eine Heimat gestalten, will durch ihre Argumentation, ihr gelebtes Vorbild überzeugen und hält doch nur eine Idee aufrecht, deren reale Existenz längst durch Schweigen, »Habgier und Neid« (R 117 | P 121) befleckt ist.

»Die Heimatlosigkeit des modernen Individuums wird hier als *Heimsuchung* erzählt, als individuelle und gemeinschaftliche Enttäuschung, als vergebliche Suche nach einem Ort der Geborgenheit und Zuflucht, in die das zeitgeschichtliche Geschehen jeweils als Katastrophe einbricht.«[9] Heimat im Sinne einer dauerhaften Einrichtung wird demnach nicht durch die Erfahrung gestützt. Was von ihr aber bleibt, sind Erinnerungen, Hoffnungen, Wünsche und: der gläubige Mensch.

7 Mit der »Schriftstellerin« (Kapitel 7) platziert Erpenbeck ein deutliches Porträt ihrer Großmutter väterlicherseits. Gemeint ist die Schriftstellerin Hedda Zinner, die eine in der DDR hochgepriesene Autorin war. Die leitmotivische Phrase des Kapitels: »I-c-h k-e-h-r-e h-e-i-m« (R 107, 109, 112, 114, 116 | P 112, 114, 117, 119, 121), ist z. B. direkt der autobiografischen Schrift Zinners *Auf dem roten Teppich* (1978) entnommen, und auch andere biografische Details der Figur haben in Zinners Leben ihren Ursprung. Vgl. hierzu auch Swantje Ehlers, *Lektüreschlüssel XL. Jenny Erpenbeck: Heimsuchung*, Ditzingen 2024, S. 48–51.

8 Carola Hähnel-Mesnard, *Zeiterfahrung und gesellschaftlicher Umbruch in Fiktionen der Post-DDR-Literatur*, Göttingen 2022, S. 232.

9 Friedhelm Marx / Julia Schöll, »Wahrheit und Täuschung. Eine Einleitung«, in: F. M. / J. Sch. (Hrsg.), *Wahrheit und Täuschung. Beiträge zum Werk Jenny Erpenbecks*, Göttingen 2014, S. 9.

Unterrichtsverlauf

Überblick. Die Schülerinnen und Schüler tauschen sich über ihre Vorstellungen von »Heimat« aus, und betrachten dann dieses durchgehende Romanthema über die Mottos im Vorfeld und die jeweilige Heimatidee der Figuren. Am Beispiel der Schriftstellerin (Kapitel 7) und des Architekten (Kapitel 2) werden zwei Heimatvorstellungen textanalytisch fokussiert. Ein Transfer zu Heimat im 21. Jahrhundert schließt die Einheit ab.

Phase	Thema	Sozialform	Kompetenzen/Lernziele	Materialien
Voraussetzungen: Textkenntnis des Romans				
9.1	Einstieg 1: »Heimat-Dating« und Sammlung der Assoziationen in einer Mind-Map	UG	• Sich über verschiedene Heimatvorstellungen miteinander austauschen • Heimat als vielfältig attribuierten Kulturraum wahrnehmen • Vorstellungen diskutieren und fixieren	
9.2	Einstieg 2: Heimat und Heimsuchung – Überleitung zum Roman	UG	• Intertextuelle Bezüge der Paratexte erschließen • Korrespondenzen zum Roman benennen	VORLAGE 9 ➤ S. 86
9.3	Erarbeitung: Heimatideen am Beispiel des Architekten und der Schriftstellerin (Kapitel 2 und 7)	GA	• Textauszüge nach Vorgaben untersuchen • Inhalte diskutieren und gezielt zuordnen	ARBEITSBLATT 9 ➤ S. 88
9.4	Sicherung: Sammlung und Diskussion der Ergebnisse	SV / UG	• Arbeitsergebnisse vorstellen • Sammlung der Ergebnisse gemeinsam abschließen • Heimatbetrachtung im Roman anschlusskommunikativ verhandeln	ARBEITSBLATT 9 ➤ S. 88
9.5	Vertiefung: Heimat im 21. Jahrhundert	UG / EA	• Essayistischen Aufsatz zum Thema schreiben, präsentieren und besprechen	

Hinweis. Im Zusammenhang mit den Rückblicken der Schriftstellerin könnte es hilfreich sein, einen Eindruck des Emigrantenlebens deutscher Kommunisten im sowjetischen Exil zu vermitteln. Insbesondere die lauernden Gefahren – Zeit des »Großen Terrors« (1936–38), Auslieferung Deutscher nach Abschluss des Hitler-Stalin-Paktes (1939), Deportationen ins Straf- und Arbeitslager (Gulag) unter Stalin – machen die stete Unsicherheit der Exilanten deutlich und erläutern das Leben in der Sowjetunion unter dauerhafter Angst vor willkürlicher Verhaftung.

Auch ist in Bezug auf das unrühmliche Ende des Architekten und die Zweifel der Schriftstellerin mit Nachfragen zu rechnen, weshalb die Lehrkraft mit Verständnisfragen zum Architektenkapitel (Albert Speer, Reichskulturkammer, Sowjetische Demontage und Enteignungswellen in der DDR, »Beseitigung des Privateigentums«, Republikflucht vor August 1961) und zum Schriftstellerinnenkapitel (Kommunismus – Sozialismus, Realsozialismus, Sprachgebrauch/»Betonsprache« in sozialistischen Staaten, Begünstigungen/Korruption) rechnen und sich entsprechend präparieren sollte.

9.1 Einstieg 1: »Heimat-Dating« und Sammlung der Assoziationen in einer Mind-Map

UG

Unterrichtsschritt. Die Lehrkraft organisiert gegenüberstehende Stuhlreihen mit jeweils gleich vielen Stühlen, auf denen die Schülerinnen und Schüler mit jeweils einem Partner bzw. einer Partnerin Platz nehmen. Nach kurzen Erläuterungen zum Ablauf eines Speed-Datings (eine Reihe geht pro Zeiteinheit einen Stuhl weiter) werden die Gesprächsanreize im zeitlichen Rahmen (jeweils 1:00–1:30 Minuten) genannt und das Heimat-Dating durchgeführt. Im Anschluss berichten die Schülerinnen und Schüler über ihre Erfahrungen, was durch die Lehrkraft in einer Mind-Map an der Tafel festgehalten wird. Gesprächsanreize können sein:

- Was ist für Sie Heimat und warum?
- Wie sieht Ihre Heimat aus?

- Wie hört sich Ihre Heimat an?
- Was riechen, schmecken und fühlen Sie, wenn Sie an Ihre Heimat denken?
- Wie erklären Sie einer fremden Person in zwei, drei Sätzen Ihre Heimat?
- Wie stellen Sie es sich vor / ist es, fern der Heimat zu sein?
- Gibt es auch Negatives an der Heimat? Was ist das nach Ihrer Meinung?

Alternative. Das Thema kann auch eher klassisch über die Begriffsherkunft und -bedeutung, über Zitate, Gedichte oder (Pop-)Songs bzw. einen Sachtext entfaltet werden.

Erläuterungen. Ein »Heimat-Dating« fokussiert die lebensweltlichen Vorstellungen der Schülerinnen und Schüler rund um den Begriff und potenziert sie zugleich. Verschiedene Kulturräume können so über einen gemeinsamen Begriff verbunden, Differenzen und Ähnlichkeiten in den Einschätzungen erfahren und Empfindungen wie auch Hoffnungen miteinander in Beziehung gesetzt werden. Bei stetigem Wechsel der Gesprächspartner erfahren die Schülerinnen und Schüler außerdem eine Vielzahl an Eindrücken, die den unterschiedlichen Heimatvorstellungen der Romanfiguren nahekommen (oder auch das Gegenteil repräsentieren) können. Die Gesprächsanreize können natürlich lerngruppenspezifisch angepasst oder ergänzt werden. Diesen Austausch in seiner Vielfalt (Raum, Zeit, Soziales, Kulturelles, Emotionales, sinnliche Wahrnehmung, Fremde) über eine Mind-Map zu fixieren, ist eine gute Ausgangsposition für die folgende Rückkehr zum Roman und seinen Heimatkonzepten.

9.2 Einstieg 2: Heimat und Heimsuchung – Überleitung zum Roman

UG

VORLAGE 9 ➤ S. 86

Unterrichtsschritt. »Ist das in *Heimsuchung* auch so?«, fragt die Lehrkraft und diskutiert mit den Schülerinnen und Schülern deren Eindrücke über die dortigen Heimatvorstellungen. Darauf werden die Mottos des Romans (R 7 | P 7) genauer betrachtet und zunächst in ihrer Bedeutung für den Roman interpretiert. Über eine genauere Analyse der Originaltexte (VORLAGE 9 ***Die Mottos des Romans***) sollen intertextuelle Korrespondenzen erschlossen und in ihrer Relevanz für das Folgende bezeichnet werden. Die Dualität zwischen Erwerb und Verlust, Ewigkeitshoffnung und Endlichkeitsnot wird sodann konkret an den Figurenepisoden des Romans diskutiert und beurteilt.

Erläuterungen. Maries Ausflucht zur Besänftigung des eifersüchtigen Woyzecks wird aus dem sozialen, libidinösen und materialistischen Kontext der Büchner-Figur gelöst, wodurch nur der lapidare zeitliche Wechsel der Menschen an einem Ort übrigbleibt. Gleichwohl kann man die Zusammenhänge des Textursprungs (soziale Ausgrenzung, Triebstau und -entladung, gesellschaftspolitisch bedingte Vorteilsnahme) auch in *Heimsuchung* wiederfinden. Hölderlins lyrisches Ich sucht in der Heimat »heilende Bande« für sein von Liebesleid gebrochenes Herz bzw. sein unstetes Dasein als von den Göttern doppelt beschenkter Dichter. Die Heimat als orientierender, ewiger Ruhepol wird zwar ersehnt, aber auch als Utopie erkannt, was den in *Heimsuchung* geschilderten Hoffnungs- und Heimatverlusten sehr nahesteht. Somit ist allen Mottos – am deutlichsten sicherlich im abschließenden arabischen Sprichwort – die Endlichkeit aller Bestrebungen um ein ewiges Gleichmaß des Lebens zu eigen, weshalb die Hoffnung auf solches (Büchner: »Platz«, Hölderlin: »Ruhe«, arabisches Sprichwort: »Haus«) bereits im Vorfeld des Romans in Frage gestellt wird (Büchner: »viel Menschen«, Hölderlin: »noch einmal«, arabisches Sprichwort: »Tod«).

9.3 Erarbeitung: Heimatideen am Beispiel des Architekten und der Schriftstellerin (Kapitel 2 und 7)

GA

ARBEITSBLATT 9 ➤ S. 88
Lösungshinweise ➤ S. 98

Unterrichtsschritt. Anhand der Heimatvorstellungen der Figuren (ARBEITSBLATT 9 ***Heimatideen in »Heimsuchung«***) werden die Diskurse präzisiert und überprüft. Die Leerstellen beim Architekten und der Schriftstellerin (Kapitel 2 und 7) sollen dann nach einem ersten Austausch textgenau rekonstruiert werden. Dazu wird eine Gruppenaufteilung vorgenommen. Die Arbeitsgruppen bearbeiten – gegebenenfalls arbeitsteilig nur für je eine Figur – die Arbeitsaufträge.

Erläuterungen. Der planende Architekt und die schreibende Schriftstellerin sind beide in ihrer Heimatidee schöpferisch tätig, wenn auch das Ideal des einen sich selbst (und seiner Frau) gilt, während die andere die ganze Menschheit durch humanistische Umerziehung zur ›Erlösung‹ führen will. Entsprechend verdeutlichen Verben

VORLAGE 9

Die Mottos des Romans

Georg Büchner, *Woyzeck*, 1836/37:

Mariens Kammer; MARIE, WOYZECK

WOYZECK: Es gehen viel Leut durch die Gasse, nicht wahr? Und du tust reden, mit wem du willst, was geht das mich! – – Hat er da gestanden? da? da? Und so bei dir? so? Ich wollt, ich wär er gewesen.

MARIE: Er? Ich kann die Leute die Straße nicht verbieten und wehren, dass sie ihr Maul mitnehmen, wenn sie durchgehn.

WOYZECK: Und die Lippen nicht zu Haus lassen, es wär schade, sie sind so schön. Aber die Wespen setzen sich gern drauf.

MARIE: Und was 'ne Wesp hat dich gestochen; du siehst so verrückt wie eine Kuh, die die Hornisse jagt.

WOYZECK: Eine Sünde, so dick und so breit – es stinkt, dass man die Engelchen zum Himmel hinausräuchern könnt. Du hast ein' roten Mund, Marie. Keine Blase drauf? Wie, Marie, du bist so schön wie die Sünde – kann die Todsünde so schön sein?

MARIE: Franz, du redst im Fieber.

WOYZECK: Teufel! – Hat er da gestanden, so, so?

MARIE: Dieweil der Tag lang und die Welt alt is, können viel Menschen an einem Platz stehn, einer nach dem andern.

WOYZECK: Ich hab ihn gesehn!

MARIE: Man kann viel sehn, wenn man zwei Augen hat und nicht blind is und die Sonn scheint.

WOYZECK: Mensch! *(Geht auf sie los.)*

MARIE: Rühr mich an, Franz! Ich hätt lieber ein Messer in den Leib als deine Hand auf meiner. Mein Vater hat mich nicht anzugreifen gewagt, wie ich zehn Jahr alt war, wenn ich ihn ansah.

WOYZECK: Weib! – Nein, es müsste was an dir sein! Jeder Mensch ist ein Abgrund; es schwindelt einem, wenn man hinabsieht. – Es wäre! Sie geht wie die Unschuld! Nun, Unschuld, du hast ein Zeichen an dir. Weiß ich's? Weiß ich's? Wer weiß es? *(Er geht.)*

Georg Büchner: Woyzeck. Leonce und Lena. Stuttgart: Reclam, 2001 [u. ö.]. S. 21 f.

Friedrich Hölderlin, *Die Heimat*, 1800:

Froh kehrt der Schiffer heim an den stillen Strom,
Von Inseln fernher, wenn er geerntet hat;
So käm auch ich zur Heimat, hätt ich
Güter so viele, wie Leid, geerntet.

Ihr teuern Ufer, die mich erzogen einst,
Stillt ihr der Liebe Leiden, versprecht ihr mir,
Ihr Wälder meiner Jugend, wenn ich
Komme, die Ruhe noch einmal wieder?

Am kühlen Bache, wo ich der Wellen Spiel,
Am Strome, wo ich gleiten die Schiffe sah,
Dort bin ich bald; euch traute Berge,
Die mich behüteten einst, der Heimat

Verehrte sichre Grenzen, der Mutter Haus
Und liebender Geschwister Umarmungen
Begrüß ich bald und ihr umschließt mich,
Dass, wie in Banden, das Herz mir heile,

Ihr Treugebliebnen! aber ich weiß, ich weiß,
Der Liebe Leid, dies heilet so bald mir nicht,
Dies singt kein Wiegensang, den tröstend
Sterbliche singen, mir aus dem Busen.

VORLAGE 9 (Fortsetzung)

Denn sie, die uns das himmlische Feuer leihn,
Die Götter schenken heiliges Leid uns auch,
Drum bleibe dies. Ein Sohn der Erde
Schein ich; zu lieben gemacht, zu leiden.

Friedrich Hölderlin: Gedichte. Eine Auswahl. Hrsg. von Gerhard Kurz. Ditzingen: Reclam, 2003 [u. ö.]. S. 39.

und Bilder einen selbstbewussten, aggressiven Architekten, der die eigene Körperlichkeit durch das Haus zu erweitern sucht, sowie eine zwar kämpferische, aber auch zweifelnde Schriftstellerin, die ihr Lebensprojekt durch die pädagogische Ausrichtung, manche Halbwahrheit und den lebensfernen Idealismus des Sozialismus auch gefährdet sieht. Die historischen Übergänge der Zeit (1949, 1989/90) beenden beide Heimatideen abrupt, was die Schriftstellerin bereits in den 1970er Jahren zu ahnen scheint und der Architekt nach einer opportunistischen Übergangszeit nicht verstehen und wahrhaben will.

9.4 Sicherung: Sammlung und Diskussion der Ergebnisse

SV / UG

Unterrichtsschritt. Die Schülerinnen und Schüler stellen ihre Ergebnisse vor und diskutieren sie. Die Lücken auf ARBEITSBLATT 9 werden geschlossen. Die nur temporäre Heimat der Figuren wird präzisiert und besprochen. Zu diesem Zweck wird das Augenmerk auch auf die Doppeldeutigkeit des Romantitels gelenkt.

ARBEITSBLATT 9 ➤ S. 88
Lösungshinweise ➤ S. 98

Erläuterungen. Dass die Heim(at)suche der Figuren in allen Kapiteln nur kurzfristig gelingt und jeweils mit einer Heimsuchung endet, ist ein – bereits im ambivalenten Titel *Heimsuchung* angekündigter – Leitgedanke des Romans, der das 20. Jahrhundert exemplarisch zu fassen versucht. In politisch unruhigen Zeiten (Weltkriege, Revolutionen, Faschismus, Kalter Krieg) ist eine dauerhafte Heimat von vielen Unsicherheiten gesäumt, muss der Wille des Einzelnen zur Selbstbestimmung mit unliebsamen Einschränkungen rechnen. Dennoch sollte am Ende der Einheit nicht der Eindruck entstehen, dass Heimatsuche grundsätzlich falsch und Heimatgefühlen auf alle Zeiten mit Misstrauen zu begegnen ist. Vielmehr gilt es, Heimat in ihren vielen Äußerungsformen als identitätsstiftende Prägungsinstanz des Menschen und deren Fehlen als möglicherweise tiefgehende psychische Krise zu verdeutlichen.

9.5 Vertiefung: Heimat im 21. Jahrhundert

UG / EA

Unterrichtsschritt. Die Lehrkraft zieht den Rahmen zum Stundenbeginn (Unterrichtsschritt 9.1) und fragt unter Heranziehung der Mind-Map: »Ist Heimat somit Illusion? Was bleibt von der ursprünglichen Vorstellung? Was ist heute Heimat?« Ein erster Austausch über Heimathoffnungen des Romans und die persönlichen Heimatvorstellungen der Schülerinnen und Schüler wird schließlich zu einem Essay über Heimat im 21. Jahrhundert übergeleitet, in dem die Schreibenden:

- Aspekte des Romans erwähnen (Lektürebezug),
- gegenwärtige Heimatwünsche und -nöte berücksichtigen (gesellschaftlich-politischer Aspekt),
- eigene Vorstellungen, Hoffnungen und Ängste integrieren (persönlicher Aspekt).

Erläuterungen. Die Frage nach dem Heute setzt zwangsläufig eine Positionierung der Schülerinnen und Schüler zu den Romaninhalten in Gang und erweitert die dort beschriebenen Themen um aktuelle Diskurse (Klimawandel, letzte Generationen, digitale Kultur, Globalisierung, Flüchtlingsrealität weltweit, regionale Kriege, Rechtsruck der Demokratien, Wokeness, Emanzipationsbestrebungen etc.). Eine andere Diskussion von Heimatoptionen und -hoffnungen ist also zu erwarten und kann im geforderten Bezug zu Erpenbecks Roman als Transferleistung anschlusskommunikativ verhandelt werden.

ARBEITSBLATT 9

Heimatideen in *Heimsuchung*

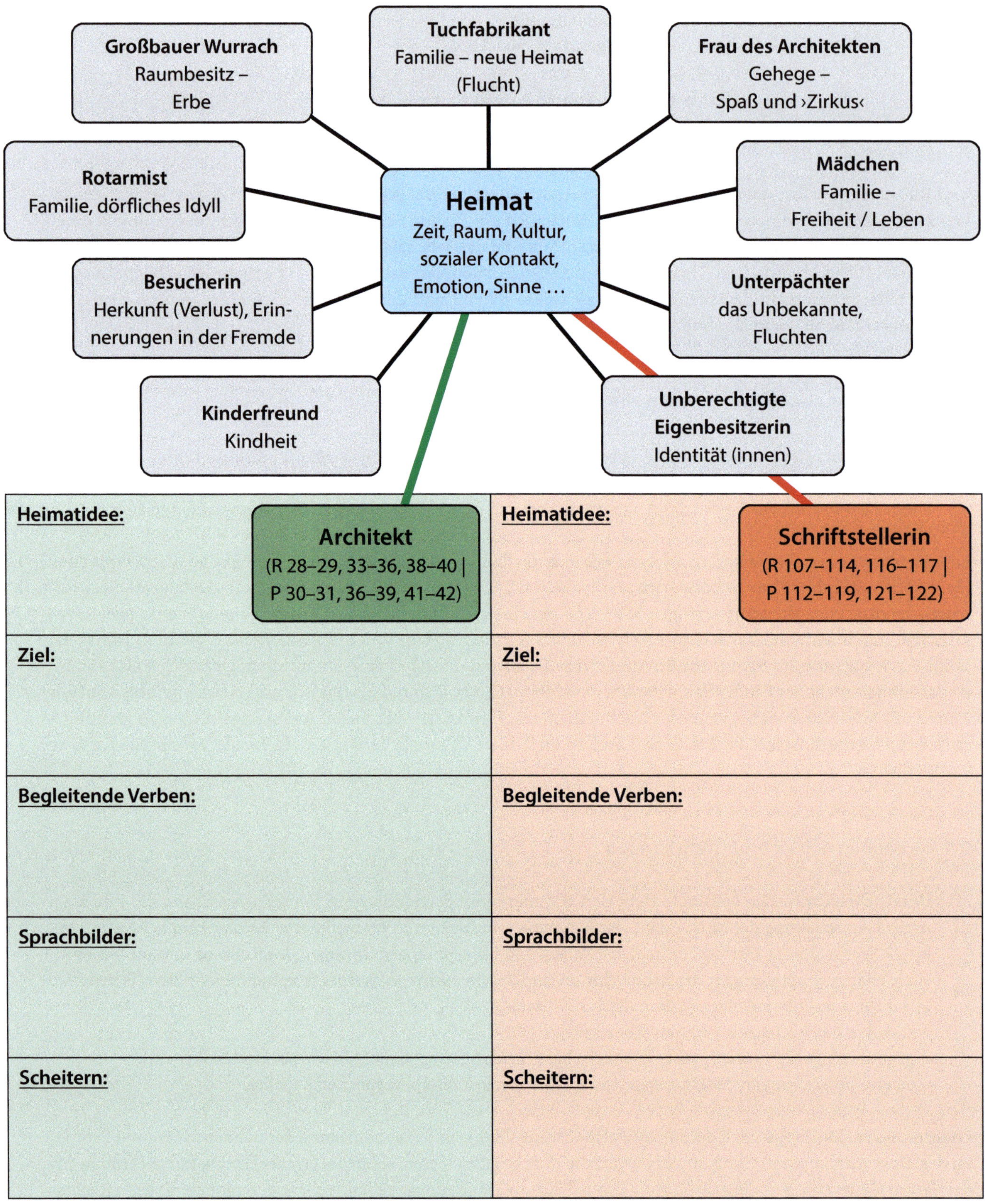

Architekt (R 28–29, 33–36, 38–40 | P 30–31, 36–39, 41–42)	**Schriftstellerin** (R 107–114, 116–117 | P 112–119, 121–122)
Heimatidee:	**Heimatidee:**
Ziel:	**Ziel:**
Begleitende Verben:	**Begleitende Verben:**
Sprachbilder:	**Sprachbilder:**
Scheitern:	**Scheitern:**

Arbeitsaufträge:

1. Was für eine Heimatidee verfolgt die Figur mit welchem Ziel?
2. Welche Verben und Sprachbilder begleiten diese Zielsetzung?
3. Wodurch wird die Idee in Frage gestellt bzw. scheitert sie?

10 Klausurvorschläge mit Lösungshinweisen

Die Vorschläge betreffen eine Figur und die Landschaft (Haus und Seegrundstück) und ermöglichen jeweils die Integration mancher, in den Unterrichtseinheiten angesprochenen Erkenntnisse. Im Folgenden werden einige Stichpunkte einer möglichen Bearbeitung verdeutlicht.

10.1 Der Architekt

Klausuraufgabe

Setzen Sie sich mit dem Kapitel 2 (R 31–42 | P 34–45) und der Figur des Architekten auseinander, indem Sie

a) den Inhalt des Kapitels kurz wiedergeben, dann die Figur zeitlich wie historisch verorten und charakterisieren (konkret an Textauszügen),

b) die Bedeutung des Hauses für den Architekten erschließen sowie sein Heimatkonzept verdeutlichen,

c) die narrative Gestaltung der Erinnerungsschichten des Romans an seinem Beispiel erläutern und dabei Textbezüge zu anderen Figuren aufzeigen.

Lösungshinweise

1 Einleitung

1 Einleitung

- Titel und Autorin
- Textsorte und Erscheinungsjahr
- Zentrale Themen
- Episodenstruktur des Romans – Übergang zur Episode des Architekten (Kapitel 2)

2 Inhalt und Figur

2 Inhalt und Figur

2.1 Inhalt und zeitliche Verortung

- Inhalt: Architekt vergräbt Porzellan, Silberbesteck und Zinnkrüge im Garten, geht dann letztmalig durch Garten und Haus, um schließlich das Grundstück abzuschließen und nach Westberlin zu fliehen (Grund: Schraubenimport vom Klassenfeind)
- Reflexionen/Erinnerungen: Architektur als Heimatplanung (R 35 f. | P 38 f.), Rückzug im Feindesland (Erster Weltkrieg, 39 f.), Verhandlung mit Russen (1945; R 38 | P 41), Bauen, Haus und Körper (R 39 f. | P 42), Rechtfertigung des Grundstückkaufes als Unterstützung der Juden und ›Sühne‹ der eigenen Herkunftsleugnung (1939; R 41 f. | P 44)
- Erzählgegenwart: 1951 (»jetzt, sechs Jahre nach Kriegsende«, R 38 | P 41). Rückblenden: Erster Weltkrieg (1914–18; R 36 | P 39 f.), Sowjetische Besatzungszone (1945; R 38 | P 41), preiswerter Zugewinn des Nachbargrundstücks (1939; R 41, 57 | P 43, 60), Aufnahme in die Reichskulturkammer (nach 1939; R 40 f. | P 43 f.)

2.2 Charakterliches (Architekt)

- Wiederholungen: »weiß viel weniger, als er einmal wußte« (R 31, 35,41 | P 34, 35, 38, 44), »von der Erde geschwärzte Nägelränder« (R 31 | P 35), »abschließen« (R 33, 34 | P 36, 37), »in zwei Stunden wird er in der S-Bahn [nach Westberlin] sitzen« (R 32, 34, 35 | P 35, 37, 38), »den Blick lenken« (R 34 | P 37), »Mannesmann Luftschutz« (R 37, 38 | P 39, 40, 41)
- Angreifen (aus der Sonne) (R 37, 41 | P 40, 44), verhandlungsgeschickt (R 38 | P 41), Gegner im Auge behalten (R 38 | P 41), Angriff als Annäherung an den Gegner von hinten (R 40 | P 43) = angreifend, aggressiv Vorteile nutzend, immer in Hab-Acht-Stellung (eigene Familiengeschichte?)

- »Wildnis bändigen und [...] mit der Kultur zusammenstoßen lassen« (R 28 | P 31), »[s]ich der Schönheit [...] bedienen (R 29 | P 31), »herausreißen und dingfest machen« (R 35 | P 38), »immer tiefer aushöhlen« (R 39 | P 42) = willensstrake Gestaltungslust, Schöpfertum durch Führerprinzip
- Reichskulturkammer: Nachbesserung bei arischer Abstammung (R 41 | P 43), »Ja und Nein«, Nein soll vernichtet werden (R 41 | P 44), »Baron Münchhausen« = flexibel, anpassungsfähig, stromlinienförmig, unwahrhaftig
- Kauf des jüdischen Grundstücks: »mit Werg«, »provisorisch gezimmert«, »Hälfte des Verkehrswerts« (R 41 | P 43), »Ausreise zu finanzieren«, Finanzierung seines Neins im Fragebogen (R 41 | P 44) = Schönfärbung des persönlichen Vorteils als Hilfeleistung, Vernichtung seines jüdischen Familienanteils als Wunsch, Abwertung der Badehausarchitektur (»Werg«) mit Bezugnahme auf die eigene provisorische Herkunftswahrheit, Gleichgültigkeit gegenüber dem jüdischen Schicksal

3 Haus und Heimat

3 Haus und Heimat

3.1 Haus

- Haus als Selbstverwirklichung, -verdopplung: »maß[geschneidert] nach den Bedürfnissen seines Herrn« (R 35 | P 38) und seiner Frau, Details zum Sitzen, Betrachten, Empfangen von Freunden, Aufwärmen von ihm und seiner Frau (R 35 f. | P 38)
- Haus als Körper / Personifizierung: »kleines Fenster [...] wie ein Auge« (R 33 | P 36), »keinen Knochen zerbrechen« (R 34 | P 37), »dritte Haut, nach der Haut aus Fleisch und der Kleidung« (R 35 | P 38), »dem Bleiben einen Körper zu geben, [ein] Inneres schaffen«, »lebendig wird das Licht erst, wenn man hinter dem Glas sitzt«, »in der Kehle«, »als sei es hier gewachsen, wie etwas Lebendiges« (R 39 | P 42)

3.2 Heimatkonzeption

- Heimat planen und als anderes Ich materialisieren: »Vier Wände um ein Stück Luft«, Heimat dem Chaos entreißen und »dingfest machen«, »Heimstatt«, »dem Leben Richtungen geben« (R 35 | P 38); Schöpfung eines architektonischen Abbildes der dort lebenden Menschen
- Hausbau als Heimatbau zur maßgeschneiderten Bedürfnisbefriedigung der Insassen
- Liebe zum Haus als eine Form der Selbstliebe bzw. Selbstüberhöhung, »die Scholle« (i. S. v. Grundbesitz), »das Haus« (R 38 | P 41) als individuelles Ewigkeitsmonument, das der Natur entrissen, aufgenötigt wird
- Innenausstattung des Hauses als Spiegel der darin lebenden Charaktere

4 Narration und Erinnerung

4 Narration und Erinnerung

4.1 Narration

- Generell: Multiperspektivisch personale Erzählhaltung (Figur – Kapitel) bei auktorialer Organisation und seltenen auktorialen Eingriffen. Neutral erzählte Gärtner-Kapitel zur Gegenüberstellung von menschlicher Zeit und Naturzeit.
- Formen der erlebten Rede bei manchem inneren Monolog bzw. Erinnerungsstrom aus der Perspektive des Architekten (z. B. »In der Küche tropft ein Wasserhahn, den noch zudrehen« [R 34 | P 37], »Abschließen« [R 33 f. | P 36 ff.], »Fremde Handtücher. Tuchfabrikanten, die Juden. Frottee. Erste Qualität. Möcht sein« [R 40 | P 43] »Weg, weg mit ihm, weg weg. Ja und Nein. Aus der Sonne angreifen« [R 41 | P 44]). Die dadurch erzielte (ausnahmslose) Nähe des Lesers zur Figur wird spätestens in den Folgekapiteln durch Präzisierungen, Ergänzungen anderer Figuren (inhaltliche Schichtung) aufgelöst und bei Relektüre des Kapitels durch das Kontextwissen nicht mehr erzielt.
- Schichtungsprinzip und Leseraktivierung: Durch historische Bezüge (Drittes Reich – Reichssegelflugschule [R 34 | P 37], Reichskulturkammer [R 40 | P 43], Entjudungsgewinnabgabe [R 57 | P 60]; Sowjetische Besatzungszone / DDR – Enteignungswellen

[R 38 | P 41]) und Rückblenden werden Zusammenhänge gestreift, die der Leser zu recherchieren und auf die Figur zu übertragen hat.

4.2 Erinnerungen

- Generell: Zeitschichtungsprinzip innerhalb der Hauptkapitel, Erinnerungen als Rückblenden zu entscheidenden Prägungserlebnissen der Figuren, die charakterliche Rückschlüsse erlauben; die Aufhebung chronologischer Handlungsentwicklung, assoziative Fragmentierung der Ereignisse und Ergänzung durch andere Figurenerinnerungen aktivieren den Leser zur distanzierten Verknüpfung und Zugabe
- Rückblenden: »Einmarsch der Russen« (R 31 | P 34): Das Versenken von Wertgegenständen seiner Frau um 1945 wird nun durch das effizientere Vergraben ersetzt; »Bomben [...] über Paris« (R 36 | P 39): Erinnerung an den Ersten Weltkrieg als Mahnung dafür, den eigenen Rückzug im Auge zu behalten und immer aus der Sonne anzugreifen; Verhandlung mit den Russen (R 38 | P 41): Bewahrung seines Tischlerbetriebs und Architekturbüros vor der Enteignung, Ausspielung eines Ablehnungsschreibens durch Albert Speer, um weiterhin bei seinem Haus bleiben zu können; Übernahme des Badehauses von der jüdischen Familie (R 41 | P 43): Rechtfertigung seines Tuns, halber Preis als Fluchthilfe; Antrag Reichskulturkammer (R 40 | P 43): Leugnung der eigenen jüdischen Urgroßmutter beim Wiederholungsantrag, Verbindung der Badehausübernahme und Finanzierung der Juden mit dieser Leugnung

4.3 Bezüge zu anderen Figuren

- Direkter Bezug. Tuchfabrikant (Kapitel 3): Nachbarbauherr, »Heil« (R 46 | P 49), Kauf des Grundstücks zum halben Verkehrswert, für den Vorteil zahlt Architekt eine »Entjudungsgewinnabgabe« (R 57 | P 60). – Frau des Architekten (Kapitel 4): Architekt erfüllt jeden ihrer ausgefallenen Wünsche im Haus (R 63 | P 67), ergänzt sich gut mit ihr beim Witzeerzählen (R 63 | P 68), macht abwertenden Scherz über semitisch geschminkte arische Schauspieler (R 67 | P 71), sagt, seine Frau sei im Widerstand gegen Hitlers Mutterideologie gewesen (R 71 | P 75)
- Indirekter Bezug. Unterpächter (Kapitel 9): über leitmotivische Phrase ›weiß viel weniger, als er einmal wußte‹ (R 31, 35, 41 | P 34, 35, 38, 44), »Was weiß man« (R 138, 139, 142, 149 | P 143, 144, 147, 154). – Unberechtigte Eigenbesitzerin (Kapitel 11): die Gänge durch das Haus sind in vielen Beobachtungsdetails identisch (s. 4. Stunde)
- Entlarvt sich im Kapitel des Tuchfabrikanten (3) die behauptete Unterstützung der Juden durch den Architekten als Schönfärberei und scheint dessen Nähe zum Nationalsozialismus zumindest wahrscheinlich, so wirkt das Verhältnis zwischen dem Architekten und seiner Frau als eingespielt und ungetrübt, wenn man auch die Frau als eine (freilich selbstbestimmte) Gefangene im »Gehege« betrachten könnte. Der Orientierungsverlust des Architekten im ideologisch (zunächst) unbestechlichen neuen Umfeld der DDR erinnert an die grundsätzlichen Orientierungsdefizite des Unterpächters; die identischen Gänge durch das Haus von Architekt und Eigenbesitzerin (Kapitel 2 und 11) machen das durch Schichten und Geschichten veränderte Haus sichtbar, wodurch der Wandlungsprozess am räumlichen Protagonisten des Romans selbst verdeutlicht wird.

5 Schluss

5 Schluss

Möglichkeiten:

- Zusammenfassung der Ergebnisse
- Übergang und Verwandlung am Beispiel des Architekten
- Mehrdeutigkeit literarischer Texte und die (hier auch textstrukturell geforderte) Freiheit des Lesenden
- Das 20. Jahrhundert als »Geflecht polyvalenter Erinnerungen« (Probst 2010)

10.2 Haus am See

Klausuraufgabe

Interpretieren und erläutern Sie (mit Textbezügen) die Bedeutung von Haus und Seegrundstück für
a) folgende Figuren: den Architekten, die Frau des Architekten, das Mädchen, die unberechtigte Eigenbesitzerin, unter Berücksichtigung von deren scheiternder Heimatvorstellungen,
b) den Roman.

Lösungshinweise

1 Einleitung

1 Einleitung

- Titel und Autorin
- Textsorte und Erscheinungsjahr
- Themen: Übergang und Verwandlung
- »Idylle mit Abgründen« (Astrid Köhler, 2013)

2 Figuren – Heimat

2 Figuren – Heimat

2.1 Architekt

- Haus als »Heimstatt« (R 35 | P 38) für seinen und seiner Frau Willen maßgeschneidert (Stühle, Terrasse, Kachelofen, Bank); Haus als Erweiterung des eigenen Körpers, als »dritte Haut, nach der Haut aus Fleisch und der Kleidung« (R 35 | P 38), »dem Bleiben einen Körper zu geben, [...] ein Inneres schaffen«, »etwas Lebendiges« (R 39 | P 42) mit »Auge« (R 33 | P 36), »Kehle« (R 39 | P 42) und »Knochen« (R 34 | P 37)
- Personifizierung des Hauses als Erweiterung der eigenen Person, materialisierte Selbstliebe und Bedürfnisbefriedigung, Repräsentation der Bewohner
- Heimat: Heimat planen und als anderes Ich materialisieren: »Vier Wände um ein Stück Luft«, Heimat dem natürlichen Chaos entreißen und »dingfest machen«, »Heimstatt«, »dem Leben Richtungen geben« (R 35 | P 38); Gestaltung eines architektonischen Abbildes der dort lebenden Menschen; »Wildnis bändigen und mit der Kultur zusammenstoßen lassen« (R 28 | P 31)
- Schöpfung von Heimat durch eigene Arbeit, Kreativität und Willenskraft – Prägung der Welt durch den Wagemutigen
- Scheitern aufgrund historischer Zeitenwende (neue ideologische Ausrichtung der DDR – Flucht)

2.2 Frau des Architekten

- Eingebautes Lachen in das Haus, Berücksichtigung ihrer Wünsche durch ihren Mann: »eisernes Vögelchen«, Verborgenes (Kleiderschrank, Telefon, Bettzeug-Klappen, Kurbel für Rollläden), bunte Fensterscheiben, Stuhl mit Initialen, kein Kinderzimmer, Haus als »ihr zu Diensten stehender Dämon« (R 63 | P 67)
- Heimat: Haus und Grundstück als »angemessenes Gehege« (R 64 | P 68) und »Stück Ewigkeit« (R 68 | P 72) für Abwechslung, Spaß und zeitverlorene Zerstreuung in ›Sicherheit‹, Ersetzung der vorehelichen Abenteuerlust durch Zirkus im Kleinen, Prinzessin im für sie entworfenen Versteck, selbstbezogener Rückzug aus der Welt (ewige Kindheit?)
- Scheitern durch biologische Verwandlung (Wechseljahre), historische Wendungen (Niedergang des Dritten Reichs, Ankunft der Roten Armee, Flucht aus der DDR), eigene unerhörte Handlung (Vergewaltigung im Wandschrank) – Ewigkeit mit Loch (R 68, 70 | P 72, 73)

2.3 Mädchen

- Das Seegrundstück wird für Doris zum Erinnerungsort an glückliche Zeiten, an die Zeit, »in der alles da war« (R 77 | P 82); in ihrer existenziellen Selbstbefragung fungieren die Gedankensplitter an das Seegrundstück als eine Form der Tröstung und Übergangshilfe (R 77 | P 82): Die sinnliche Vergegenwärtigung der Landschaft (R 76, 77, 82, 84, 87 | P 81, 82, 87, 89, 91) und die direkte Wortwiederholung eines Satzes der Großmutter (»wenn die Weide schon groß ist [...]«, R 51/78 | P 54/83) helfen bei der Ich-Verortung, das Tauchen im See im Augenblick ihrer Erschießung (R 87 | P 91) ermöglichen so etwas wie eine ›Heimkehr‹.
- Heimat: Badehaus, Weide und Seegrundstück sind Platzhalter für die jüdische Großfamilie und eine lebenswerte Zeit in Gemeinschaft; der in Kapitel 3 leitmotivisch wiederholte Stammbaum (R 45, 52, 56 | P 48, 55, 59) ist mit und ohne Doris' Wissen bereits dezimiert bzw. in alle Welt verstreut; demnach bleibt nur die Erinnerung an die glückliche Zeit der Familie, die eine verlorene Heimat darstellt.
- Scheitern durch die historische Wendung infolge der NS-Machtergreifung und -Ideologie (Ausgrenzung, Vertreibung, Ermordung der Juden)

2.4 Unberechtigte Eigenbesitzerin

- Haus und Garten sind für die Enkelin der Schriftstellerin Erinnerungsräume einer »sehr schönen Kindheit«, die ihr »über den Kopf wuchs und sich als sehr schönes Gefängnis erwies«, in ihrem Rücken beginnt »die vergangene Zeit zu wuchern«, bindet die Zeit »sie an dieser Erde fest« (R 177 | P 183): Die Eigenbesitzerin hadert mit dem anstehenden Raumverlust, der einem Identitätsraub gleichkommt, geht durch das gesamte Haus, nimmt Vertrautes und Fehlendes wahr, erinnert sich an manche Begebenheit, stellt dann so gut als möglich die ihr vertraute Raumgestaltung wieder her, säubert darauf das Haus über mehrere Tage und verabschiedet sich von ihrem Prägungsort.
- Heimat ist für die Eigenbesitzerin ihre identitätsstiftende Erfahrungswelt vor Ort, die Erinnerung an Erlebnisse mit ihrer Familie, dem Kinderfreund und späteren Freunden; der Raum am Scharmützelsee wird Heimat durch die damit verbundenen Gefühle wie auch Erkenntnisse des dort gelebten Lebens.
- Scheitern durch die Restitutionsstreitigkeiten infolge der historischen Wende (Wiedervereinigung, Kapitalismus – Eigentum, ›Rückenteignung‹), was zur Verwahrlosung des Hauses führt

3 Romanfunktion

3 Romanfunktion

- Generell: Haus und Seegrundstück als Hauptfigur (Dingsymbol) des Romans, Chronik des Raums als Chronik des deutschen 20. Jahrhunderts (historisch, sozial, politisch); Hauptfiguren als individuelle Repräsentanten des zeitvariablen, unberechenbaren 20. Jahrhunderts bzw. bestimmter historischer Ereignisse (Endlichkeit), Gärtner als mythische Figur der zeitlosen, berechenbaren Natur (Ewigkeit)
- Zeit-Raum-Schichtung: Chronotopos Haus am See = Figurenzeit – Gegenwart und Erinnerung; historische Zeit – Raumveränderungen in Weimar, NS, DDR, wiedervereinigtem Deutschland; Folgen der historischen Zeit – Flucht und Vertreibung, die Shoah, Kriegs- und Exilgräuel, Enteignung und Restitution, Republikflucht und Wiedervereinigung
- Heimatschichtung: Figurenvorstellungen von Heimat bzw. fester räumlicher Bleibe werden durch die Geschichte und daraus resultierende Figurenhandlungen gestört
- Themenschichtung: Umbruch und Verwandlung als historisch-politisch bedingte Veränderung der Figurenhoffnungen und des Hauses ist eigentlich ein Naturprinzip (Prolog) – thematische Vergänglichkeitsvorbereitung durch den Prolog, Beschleunigung durch den Menschen
- Formale Schichtung: Durch leitmotivische Wiederholung und Variation, fragmentierte Informationsverteilung und Erzählervarianz (neutral, auktorial, personal) entsteht

ein mehrperspektivisch angereicherter symbolischer ›Jahrhundertraum‹ mit mancher Bedeutungsveränderung (z. B. Badehaus, Weide, versteckter Kleiderschrank, Holzschuppen); Aktivierung des Lesers zur Vervollständigung bzw. Vernetzung der Bruchstücke

- *Heimsuchung* als inhaltliches und formales Prinzip; Hoffnungen vs. Wirklichkeiten werden exemplarisch über die Figuren verhandelt; kurzzeitiger Gewinn macht andauerndem Verlust Platz; Glaube, Liebe, Hoffnung als zwar sympathische Ideen der Menschen, aber vielleicht doch zu naiv? (Pessimismus? Lesererkenntnis?)

4 Schluss

4 Schluss

Möglichkeiten:

- Zusammenfassung der Ergebnisse
- Roman über das 20. Jahrhundert
- Leseraufgaben im modernen Roman
- Raum und ›Schuld‹
- Heimatgefühle und -ängste im 21. Jahrhundert

Lösungshinweise zu den Arbeitsblättern

Lösungshinweise zu ARBEITSBLATT 3 (➤ S. 34)

Der Protagonist: das Haus am See

Verborgenes
Kleiderschrank, Telefon, Bettzeug, Schließmechanismus, begehbarer Schrank, Versteck im Holzschuppen, Milchglasscheiben

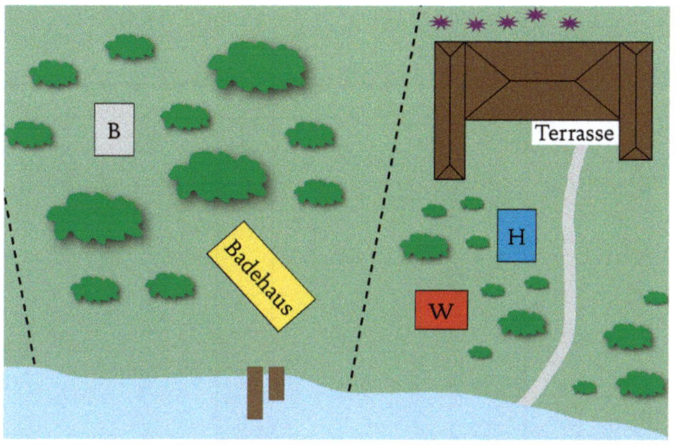

Zusätzliche Räume
Bienenhaus (bis 1970er Jahre), Holzschuppen, Bootshaus, Badehaus (1973 versetzt), Werkstatt, Steg

Verspieltes
Vögelchen am Balkongitter, farbige Butzenscheiben, »Geheimschrank«, Handlauf mit Schnitzereien

Gerüche, Geräusche, Leben
Knarrende Treppe, Pfefferminz und Kampfer, klirrende Scheiben, seufzende Türklinke, Fenster wie Auge, klimpernder Schlüssel

Figur / Zeit	Ereignisse	Beurteilung Haus / Landschaft
Architekt / 1951 (Kapitel 2)	Übernahme des Badehauses von jüdischer Familie zur Hälfte des Werts (1939)	Dritte Haut – Maßanfertigung nach Bedürfnis – etwas Lebendiges; Leben Richtung, Gängen Boden, Augen Blick, Stille Türen geben
Frau des Architekten / 1951 ff. (Kapitel 4)	Großer, andauernder Spaß im verborgenen »Gehege«; Ende der Ewigkeit durch »Überlaufen zum Feind« / Russen im verborgenen Kleiderschrank	Lachen in Haus einbauen – angemessenes Gehege – Stück Ewigkeit
Rotarmist / 1945 (Kapitel 6)	Zwanghafter Geschlechtsverkehr im verborgenen Kleiderschrank	Wut über reiche Deutsche am Haus auslassen – etwas wieder richtigrücken – zu viel haben Deutsche versteckt – alles kommt ans Licht
Schriftstellerin / 1973 (Kapitel 7)	Auseinandersetzung mit Nachbarn (Prominentenarzt), der Raum auf dem ehem. jüdischen Grundstück pachtet, verändert und seinen Seezugang durchsetzt	Heimkehr als Erlösung der Menschen von Habgier und Neid durch ihr Werk – Kampf gegen »unsichtbare Armeen« [Neid] – Pacht wird Besitz (Haus und Badehaus) [Habgier]
Kinderfreund / nach 2001 – heute (Kapitel 10)	Unbeschwerte Kindheitserlebnisse; beobachtet (und motiviert) als Kind mit Enkelin der Schriftstellerin die Vergewaltigung einer Zwölfjährigen	Ort bindet einen mehr durch Gier und Scham als durch das Glück

Lösungshinweise zu ARBEITSBLATT 5a (› S. 50 f.) (Seite 1 von 2)

Aufbau des Romans *Heimsuchung*

Kapitel / Hauptfigur	Zeit der Handlung	Handlungen	Rückblick / Zeiträume	Andere Figuren
Gärtner				
(2) ***Der Architekt***	1951 (sechs Jahre nach Kriegsende)	Muss wegen Schraubenimport vom Klassenfeind fliehen; durchläuft sein Grundstück und Haus, schließt ab und fährt nach Westberlin	Erster Weltkrieg, Drittes Reich (Reichskulturkammer, Kauf des Badehauses), Zweiter Weltkrieg, Sowjetische Besatzungszone, DDR (erste und zweite Enteignungswelle)	Frau des Architekten, Tuchfabrikantenfamilie, Gärtner
Gärtner				
(3) ***Der Tuchfabrikant*** *(Ludwig)*	1935/36 (Deutschland) 1937–1942 (Kapstadt) 1939–1942 (Deutschland und Warschau) Ab 1942 (Kapstadt)	Weide wird gepflanzt, Badehaus gebaut; Auswanderung Ludwigs und Annas nach Kapstadt, Besuch seiner Eltern; Verkauf des Grundstücks an Architekten; Ermordung Arthurs und Hermines; Elisabeth und Doris werden ins Warschauer Ghetto deportiert	Drittes Reich, Zweiter Weltkrieg (Warschauer Ghetto, Deportation, Judenvernichtung)	Hermine und Arthur, Elisabeth und Ernst, Doris, Anna, Elliot und Elisabeth (II)
Gärtner				
(4) ***Die Frau des Architekten***	1951 (rinnt seit etwa sechs Jahren)	Kindheit, Ausbildung, Grundstückskauf, Heirat, Hausbau, »Gehege« als Abenteuer, verfrühte Menopause, Begegnung mit Russen; Ausblick auf Weiterleben in Westberlin; vererbt das Haus an ihre Nichten	Weimarer Republik (unkenntlich), Drittes Reich (Film »Robert und Bertram«), Zweiter Weltkrieg (Stalingrad, D-Day, Seelower Höhen), DDR (Bauauftrag zum dritten Jahrestag), BRD (Westberlin, Bahnhof Zoo)	Architekt, Schwestern und Nichten, Rotarmist
Gärtner				
(5) ***Das Mädchen*** *(Doris)*	1942 (22.7. – Räumung des Warschauer Ghettos) oder 1943 (April – Niederschlagung des Aufstands im Ghetto)	Versteckt sich vor der Ghetto-räumenden SS in einer »schwarzen Kammer«, wird entdeckt, in ein KZ deportiert und dort erschossen; ihrer Familie Hab und Gut ist bereits in Deutschland versteigert worden	Zweiter Weltkrieg (Warschauer Ghetto), Drittes Reich (Erinnerungen an den Scharmützelsee, Versteigerung des jüdischen Hausrats)	In den Erinnerungen: Ludwig, Arthur, Anna, Ernst, Elisabeth, Frau des Architekten, Junge am See Bei der Versteigerung: Nutznießer der jüdischen Entrechtung

Lösungshinweise zu ARBEITSBLATT 5a (➤ S. 50 f.) **(Seite 2 von 2)**

Kapitel / Hauptfigur	Zeit der Handlung	Handlungen	Rückblick / Zeiträume	Andere Figuren
Gärtner				
*(6) **Der Rotarmist***	April 1945 (Seelower Höhen)	Heimat-, Familienverlust, Kriegserlebnisse, Vandalismus im Haus, Vergewaltigung im verborgenen Wandschrank	Zweiter Weltkrieg (Nachdenken über seine verlorene Heimat in der Sowjetunion)	Kameraden, Frau des Architekten
Gärtner				
*(7) **Die Schriftstellerin***	Etwa 1973 (seit zwanzig Jahren)	Schreibt an autobiografischem Erinnerungsbuch; Streit mit regierungsbegünstigtem Nachbarn (Arzt); Kauf von Haus und Badehaus	Drittes Reich (Emigration in die Sowjetunion, Stalin'scher Terror), Zweiter Weltkrieg (Verbrechen gegen Juden), DDR (Entfremdung, Privilegien), BRD (Besuch bei West-Verwandtschaft)	Mann, Schwiegertochter, Sohn, Enkelin und Kinderfreund, Besucherin, Köchin, Gärtner
Gärtner				
*(8) **Die Besucherin***	Etwa 1973–1975 (vierzig Jahre zuvor, zwei Jahre nach … vor Beginn des Krieges)	Denkt in der Fremde ihrer verwandtschaftlichen Umgebung an ihre Vergangenheit, geht schwimmen	Kaiserreich, Weimarer Republik, Drittes Reich, Zweiter Weltkrieg (alle unkenntlich), DDR (Nachdenken über ihr Leben in Masuren/Ostpreußen, ihre Vertreibung nach 1945)	Schriftstellerin, Gärtner, ihre Enkeltochter und der Sohn der Schriftstellerin
Gärtner				
*(9) **Die Unterpächter***	Nach 1990 (nach dem Fall der Berliner Mauer)	Segeln auf dem Scharmützelsee; Unterpächterin wird über ihre Kriegsflucht aus Schlesien aufgeklärt	Zweiter Weltkrieg (Kriegsflüchtlinge aus Schlesien / Riesengebirge), DDR (Republikflucht, »Läuterung« in Möbelfabrik), BRD (Mauerfall, Restitutionsstreitigkeiten)	Enkelin der Schriftstellerin, Sohn der Schriftstellerin (Schulfreundin, Studienfreund)
Gärtner				
*(10) **Der Kinderfreund***	Nach 2001 (Brand des Schmeling-Hauses) – Heute	Zieht eine Folie über das faulige Schilfdach des Badehauses	DDR (Kindheitserinnerungen mit der Enkelin der Schriftstellerin, Grenzöffnung), BRD (Restitutionsstreitigkeiten)	Enkelin und Sohn der Schriftstellerin, Gärtner, Daniel, René und Nicole, Investor
Gärtner				

Heimatideen in *Heimsuchung*

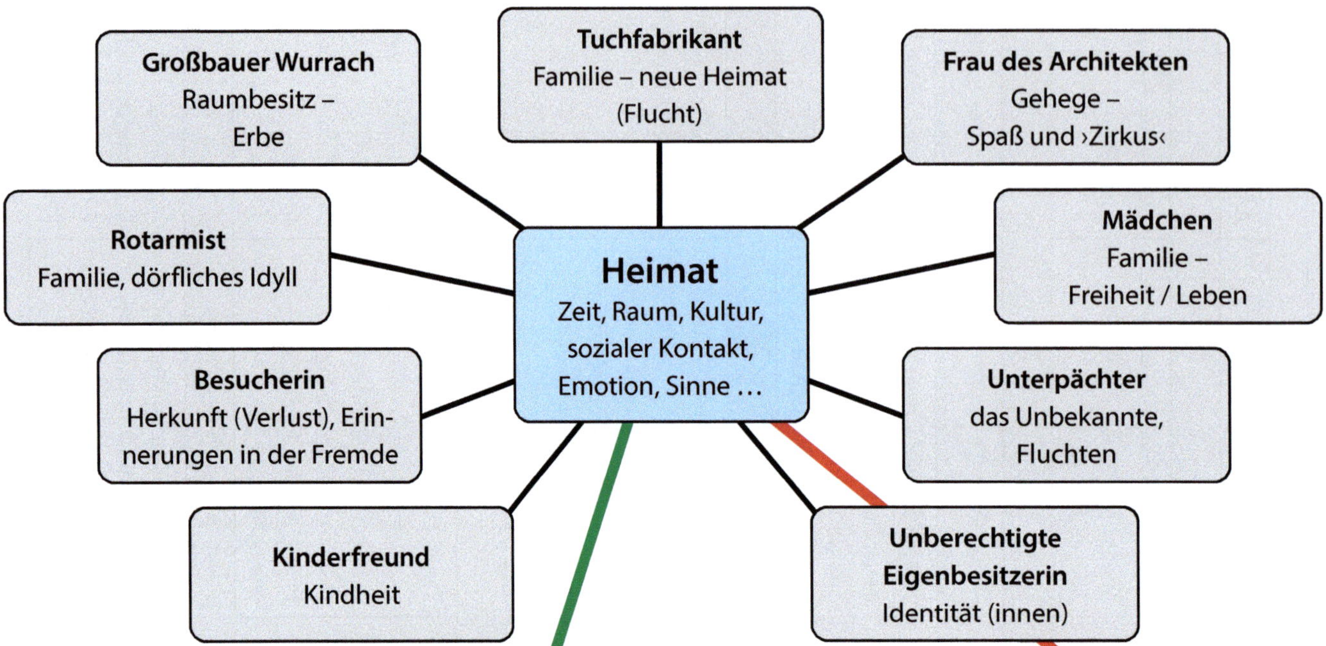

Architekt (R 28–29, 33–36, 38–40 | P 30–31, 36–39, 41–42)	**Schriftstellerin** (R 107–114, 116–117 | P 112–119, 121–122)
Heimatidee: Heimat planen (Architektur, Haus)	**Heimatidee:** Heimat schreiben (schriftstellerisches Werk)
Ziel: Schöpferwille: Bedürfnisbefriedigung des Einzelnen – Heimstatt, maßgeschneidert nach Bedürfnissen seines Herrn	**Ziel:** Schöpferwille: Zurückverwandlung der Barbaren und Heimat – Erlösung der Menschheit von Habgier und Neid durch eigenes Vorbild
Begleitende Verben: bändigen, zusammenstoßen, herausreißen, dingfest machen, maßschneidern, aushöhlen, wachsen, angreifen …	**Begleitende Verben:** zurückverwandeln, nicht schreiben, schweigen, zweifeln, erlösen, heimholen, verwandeln, zurückstoßen …
Sprachbilder: Vier Wände um ein Stück Luft; dritte Haut nach Fleisch und Kleidung; dem Bleiben einen Körper geben; gewachsenes Haus, wie etwas Lebendiges; keinen Knochen zerbrechen	**Sprachbilder:** Schreibmaschine als Wand; Schreibmaschine als Maschinengewehrfeuer; neue und alte Welt wohnen im selben Körper; Buchstaben als Erinnerungsverwandler
Scheitern: Zeitenwandel (Sowjetische Besatzungszone, DDR, Enteignungen) und Fluchtnotwendigkeit (Schrauben vom Klassenfeind)	**Scheitern:** Zeitenwandel (Begünstigungen in der DDR, Entwicklung des Sozialismus‹) und Verschweigen der »ganzen Welt« (Wahrheit)

»Ein Roman von enormer poetischer Kraft«

ROMAN BUCHELI, NZZ

Ein Haus an einem märkischen See: Schauplatz für fünfzehn Lebensläufe, Geschichten, Schicksale, von den Zwanzigerjahren bis heute.
Seine Bewohner erleben die Weimarer Republik, das Dritte Reich, den Krieg und dessen Ende, die DDR, die Wende und die Zeit der Nachwende. Jedem einzelnen Schicksal gibt Jenny Erpenbeck eine eigene literarische Form, jedes entfaltet auf ganz eigene Weise seine Dramatik. Ein Panorama des letzten Jahrhunderts von beeindruckender Wucht.
Mit Anmerkungen und einem Nachwort von Friedhelm Marx.

»Große Geschichten um ein kleines Stück Erde, epische Geschichtsschreibung auf höchstem Niveau.«

RAINER SCHMITZ, FOCUS

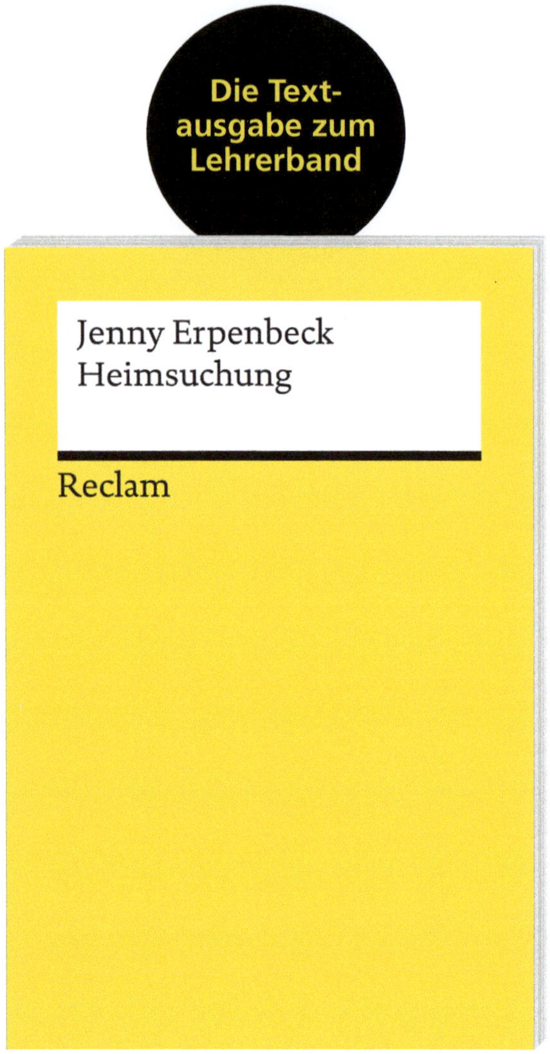

Jenny Erpenbeck
Heimsuchung
Roman
Nachwort von Friedhelm Marx
208 Seiten
€ (D) 7,40
ISBN 978-3-15-014388-9

Jenny Erpenbeck, geb. 1967 in Ost-Berlin, debütierte 1999 mit der Novelle *Geschichte vom alten Kind*. Es folgten zahlreiche Veröffentlichungen, darunter Romane, Erzählungen und Theaterstücke. Ihre Werke wurden vielfach ausgezeichnet, zuletzt erhielt sie den Internationalen Stefan-Heym-Preis 2023.